大数据背景下
旅游电子商务理论
与实践发展研究

曹媛媛　著

中国水利水电出版社
www.waterpub.com.cn
·北京·

内 容 提 要

　　大数据时代的到来,对各行各业的发展产生了深远影响。旅游电子商务作为一种新型产业,要充分借助大数据时代带来的优势实现自身的进一步发展。

　　本书对大数据背景下旅游电子商务理论与实践发展进行研究,主要内容包括旅游电子商务的基本理论、旅游电子商务的技术支持、旅游电子商务网站建设与产品营销、旅游中电子商务应用、旅游电子商务电子支付、旅游电子商务安全技术和保障体系建设、旅游电子商务企业经典案例分析等方面。

图书在版编目(CIP)数据

大数据背景下旅游电子商务理论与实践发展研究/
曹媛媛著.—北京:中国水利水电出版社,2018.9 (2024.10重印)
　ISBN 978-7-5170-7014-6

　Ⅰ.①大… Ⅱ.①曹… Ⅲ.①旅游业－电子商务－研
究 Ⅳ.①F590.6-39

中国版本图书馆 CIP 数据核字(2018)第 238783 号

书　　名	大数据背景下旅游电子商务理论与实践发展研究
	DASHUJU BEIJING XIA LÜYOU DIANZI SHANGWU LILUN YU SHIJIAN FAZHAN YANJIU
作　　者	曹媛媛　著
出版发行	中国水利水电出版社
	(北京市海淀区玉渊潭南路 1 号 D 座 100038)
	网址:www. waterpub. com. cn
	E-mail:sales@waterpub. com. cn
	电话:(010)68367658(营销中心)
经　　售	北京科水图书销售中心(零售)
	电话:(010)88383994、63202643、68545874
	全国各地新华书店和相关出版物销售网点
排　　版	北京亚吉飞数码科技有限公司
印　　刷	三河市华晨印务有限公司
规　　格	170mm×240mm　16 开本　15.75 印张　204 千字
版　　次	2019 年 3 月第 1 版　2024 年 10 月第 4 次印刷
印　　数	0001—2000 册
定　　价	77.00 元

前　言

2013 年 8 月 14 日,中国互联网大会"2013 中国大数据发展论坛"在北京举行。在论坛上,大数据呈现的美好前景,如同 2000 年的互联网、2006 年的搜索引擎一样,成为一种共识。2013 年中国在线旅游预订市场交易规模 2181.2 亿元,同比增长 27.7%。2014 年 8 月 21 日,国务院出台《关于促进旅游业改革发展的若干意见》,进一步部署促进旅游业的改革发展。近年来,物联网、云计算、移动互联网等信息技术的飞速发展驱动着我国旅游在各个环节向智慧型转变。大数据时代的到来,海量数据已经广泛地分布于社会各领域,对各行各业的发展产生了深远影响。旅游电子商务作为一种新型产业,如何借助大数据时代带来的优势实现自身的进一步发展成为值得思考的问题。

本书共分为七章。第一章为旅游电子商务的基本理论,分析电子商务的基本特点、旅游电子商务的发展历程、旅游电子商务的特点和功能、当前我国旅游电子商务的发展现状和趋势;第二章为旅游电子商务的技术支持,内容包括网络数据库技术、移动互联网技术、大数据新技术的发展三个方面;第三章为旅游电子商务网站建设与产品营销,对旅游网站建设、优化与推广以及旅游产品网络营销进行分析;第四章为旅游中电子商务应用,从旅游产品供应商的电子商务应用、旅游产品中间商的电子商务应用、基于手机应用的景区电子导游、虚拟旅游和电子地图等方面进行研究;第五章为旅游电子商务电子支付,包括网上支付概述、网上支付工具、网络银行、第三方支付和移动支付等内容;第六章为旅游电子商务安全技术和保障体系建设,从旅游电子商务的安全需求、旅游电子商务安全技术和安全协议、旅游电子商务法律法规保障体系、旅游电子商务诚信体系的构建四个方面进行探索;第七章为旅游电子商务企业经典案例分析,主要包括携程、艺龙、去哪儿网案例、"智慧黄山"建设与发展案例、黄龙酒店大数据技术应用案例。

本书在写作过程中参考了大量专家、学者的研究成果,在此表示真诚的感谢。由于作者水平有限,书中难免有疏漏之处,还请各位专家、读者进行指正。

作　者

2018 年 6 月

目　录

第一章　旅游电子商务的基本理论

习近平总书记指出,旅游是综合性产业,是拉动经济发展的重要动力。旅游是传播文明、交流文化、增进友谊的桥梁,是衡量人民生活水平的一个重要指标。[①] 旅游在经济发展和社会进步方面具有重要意义,因此有必要推进旅游行业发展和创新,推进旅游电子商务发展。

第一节　电子商务的基本特点

一、电子商务的概念

随着信息技术的发展,电子商务已经成为耳熟能详的概念。电子商务通常是指在全球各地广泛的商业贸易活动中,在互联网开放的网络环境下,基于浏览器/服务器的应用方式,买卖双方在不见面的情况下进行各种商贸活动,实现消费者的网上购物、商户之间的网上交易和在线电子支付以及各种商务活动、交易活动、金融活动和相关综合服务活动的一种新型的商业运营模式。电子商务涵盖的范围很广,一般可分为企业对企业(B2B)、企业对消费者(B2C)、消费者对消费者(C2C)三种模式。随着国内互联网使用人数的增加,利用互联网进行网络购物并以银行卡付款的消费方式已日渐流行,市场份额也在快速增长,电子商务网站层出不穷。广义的电子商务定义为:使用各种电子工具从事商务或

---

① 加快从旅游大国向旅游强国迈进[EB/OL]. http://theory. people. com. cn/n/2015/0916/c40531－27590196. html.

活动。这些工具包括从初级的电报、电话、广播、电视、传真到计算机、计算机网络,再到全球信息基础设施(GII)和互联网等现代系统。而商务活动是指从实物与非实物、商品与非商品化的生产要素等的需求活动到合理、合法的消费除去典型的生产过程后的所有活动。狭义的电子商务定义为:主要利用互联网从事商务或活动。现代社会的技术和经济已经发展到一定程度,在此基础上逐渐形成了电子商务。在这样的社会中,掌握信息技术和商务规则的人,系统化地运用电子工具,高效率、低成本地从事以商品交换为中心的各种活动,就是电子商务。这个分析突出了电子商务的前提、中心、重点、目的和标准,指出它应达到的水平和效果,它是对电子商务更严格的、体现时代要求的定义,它从系统的观点出发,强调人在系统中的中心地位,将环境与人、人与工具、人与劳动对象有机地联系起来,用系统的目标、系统的组成来定义电子商务,从而使它具有生产力的性质。

二、电子商务的特点

(一)交易虚拟化

电子商务是搭载于网络平台的新贸易模式,在这种贸易模式中,贸易双方从贸易磋商、签订合同到支付等,均通过计算机互联网络完成,整个交易完全虚拟化。对卖方来说,可以到网络管理机构申请域名,制作自己的主页,组织产品信息上网。而虚拟现实、网上聊天等新技术的发展使买方能够根据自己的需求选择产品,并将信息反馈给卖方。通过信息的推拉互动,签订电子合同,完成交易并进行电子支付,整个交易都在网络这个虚拟环境中进行。电子商务的发展打破了传统企业间明确的组织界限,出现了虚拟企业,形成了"你中有我,我中有你"的动态联盟,具体表现为企业有形边界的缩小和无形边界(虚拟企业的共同边界)的扩张。

(二)交易透明化

买卖双方从交易的洽谈、签约到货款的支付、交货通知等整个交易过程都在网络上进行。通畅、快捷的信息传输可以保证各种信息之间互相核对,防止伪造信息流通。例如,在典型的许可证系统中,由于加强了发证单位和验证单位的通信、核对,假的许可证就不易成为漏网之鱼。海关 EDI(电子数据交换)也帮助杜绝边境的假出口、兜圈子、骗退税等现象。

(三)交易成本低

以网络平台实现的电子商务具有其独有的特征,这使其有效地降低了交易成本。一是距离越远,网络上进行信息传递的成本相对于信件、电话、传真而言就越低。此外,缩短时间及减少重复的数据录入也降低了信息成本。二是买卖双方通过网络进行商务活动,无须中介者参与,减少了交易的有关环节。三是卖方可通过互联网进行产品介绍、宣传,节约了在传统方式下做广告、发印刷品等产生的大量费用。四是电子商务实行"无纸贸易",可减少 90%的文件处理费用。五是互联网使买卖双方即时沟通供需信息,使无库存生产和无库存销售成为可能,从而使库存成本降为零。六是企业利用内部网可实现"无纸办公(OA)",提高了内部信息传递的效率,节省了时间,并降低了管理成本。通过互联网把公司总部、代理商以及分布在其他国家的子公司、分公司联系在一起,及时对各地市场情况做出反应,即时生产,即时销售,降低存货费用,采用高效快捷的配送公司提供交货服务,从而降低了产品成本。七是传统的贸易平台是地面店铺,电子商务贸易平台则是网吧或办公室,大大降低了店面租金。有资料表明,使用 EDI 通常可以为企业节约 5%~10%的采购成本。

(四)优化社会资源配置

虽然电子商务已经得到了极大发展,但对于整体市场来说,通常不会出现整个行业的所有企业都同时采用电子商务的情况，所以，那些率先使用电子商务的企业会有价格上的优势、产量上的优势、规模扩张上的优势、市场占有上的优势和规则制定上的优势，而那些后来使用者或不使用者的平均成本则有可能高于行业的平均成本。这样，社会的资金、人力和物力等资源会通过市场机制和电子商务的共同作用，从成本高的企业向成本低的企业流动，从利用率低的企业向利用率高的企业流动，从亏损的企业向盈利的企业流动，从而使社会资源得到更合理和更优化的配置。

（五）交易效率高

由于互联网将贸易中的商业报文标准化，商业报文能在世界各地瞬间完成传递与计算机自动处理，使原料采购、产品生产、需求与销售、银行汇兑、保险、货物托运及申报等过程无须人员干预，并能在最短的时间内完成。而在传统贸易方式中，用信件、电话和传真传递信息必须有人的参与，且每个环节都要花不少时间，甚至会因为人员合作和工作时间的问题延误传输时间，失去最佳商机。电子商务克服了传统贸易方式费用高、易出错、处理速度慢等缺点，极大地缩短了交易时间，使整个交易非常快捷与方便。

（六）协调性好

商务活动是一个协调过程，它需要雇员、客户、生产方、供货方以及商务伙伴间的协调。为提高效率，许多组织都提供了交互式的协议，电子商务活动可以在这些协议的基础上进行。传统的电子商务解决方案能加强公司内部之间的相互作用，电子邮件就是其中一种，但那只是协调员工合作的一小部分功能。利用互联网将供货方连接至管理系统，再连接到客户订单，并通过一个供货渠道加以处理，这样公司就节省了时间，消除了纸质文件带来的麻烦并提高了效率。

电子商务以网络为平台,信息传输的速度得到了很大提升,企业之间的沟通和联系的效率有所提高,同时,电子商务环境下的信息更加公开与透明,极大地降低了企业间的交易成本。在传统的商务运作中,高的通信成本、购销成本、协作成本大大增加了企业的负担,成为阻碍企业组织间协作的主要因素。在这种状况下,企业倾向于采用纵向一体化战略扩张其规模,以此来替代横向协作,从而降低交易成本。电子商务的发展使企业可以与主要供应商之间建立长期合作伙伴关系,并将原材料采购与产品的制造过程有机地配合起来,形成一体化的信息传递和信息处理体系。电子商务还使贸易双方的交流更为便捷,大大降低了双方的通信往来费用,简化了业务流程,节约了大量的时间成本与传输成本。除此之外,通过电子商务,供应链伙伴(供应商、制造商、分销商等)之间更加紧密地联系在一起,使以往商品生产与消费之间、供给与需求之间的"时滞"变为"实时",大大改善了销售预测与库存管理,降低了整个供应链的库存成本,并节省了仓储、保管、行政等多方面的开支。

第二节　旅游电子商务的发展历程

一、旅游电子商务的概念

20 世纪 90 年代以来,伴随着互联网的高速发展和普及,以此为依托的电子商务以惊人的速度蓬勃发展。作为国民消费的重要组成部分,旅游业也不可避免地受到了互联网经济的影响,电子商务已经逐步渗透到旅游行业的各个角落。

旅游电子商务实际上是电子商务和旅游行业的有机结合,是电子商务在旅游业这一具体产业领域的应用,是通过现代网络信息技术手段实现旅游商务活动各环节的电子化,包括信息发布、电子交易、信息交流、客户管理、网上预订和支付、售前售后服务;也包括旅游企业内部的电子化及管理信息系统的应用,利用信息技术改造商务流程,从而高效地开展旅游服务。

(1)从技术基础的角度来看,旅游电子商务是采用数字化电子方式进行旅游信息数据交换和开展旅游商务活动,是现代信息技术与旅游商务过程的结合,是旅游商务流程的信息化和电子化。

(2)从系统环境的角度来看,旅游经济活动基于互联网开展还需要有环境的支持,包括旅游电子商务的相关法规、运行规范,旅游行业管理机构对旅游电子商务活动的引导、协调和管理,旅游电子商务的支付与安全环境等。

(3)从具体应用的角度来看,旅游电子商务一是面向市场的经营活动,如网上发布旅游信息、旅游市场调研、售前咨询、网上订购、网上支付、网上分享点评等;二是利用网络重组和整合旅游企业内部的经营管理活动,包括旅游企业建设内联网,依托企业管理信息系统、客户关系管理系统等实现旅游企业内部管理信息化。

二、旅游电子商务的发展

旅游电子商务是以电子商务为基础发展而来的,因此其与电子商务发展具有密切联系,正是在 20 世纪 90 年代末电子商务起步的大背景下,我国旅游电子商务才真正进入了萌芽并高速发展的时期。由于起步较晚,要在如此短时间内为我国旅游电子商务划分成长阶段是非常困难的。粗略地说,把我国旅游电子商务从产生到现在全都划分为"起步成长"阶段也不无道理。本文根据我国主要在线旅游电子服务提供商的发展轨迹,将我国旅游电子商务的发展划分为如下几个阶段。

(一)萌芽起步阶段

相较于发达国家,我国的旅游电子商务起步较晚,1999—2001年是我国旅游电子商务的萌芽起步阶段。1997 年由国旅总社参与投资的华夏旅游网成立,标志着我国旅游业与互联网开始融合。1999 年 10 月,携程接受美国国际数据集团投资并开通,又在 2000 年 3 月和 11 月分别接受软件银行和凯雷集团的资金注入。同年 11 月,携程收购现代运通,成为当时中国最大的宾馆分销商。也是在 1999 年,艺龙网在美国德拉华州成立。此后,国内各种小型旅游电子商务网站也纷纷出现,呈现出"欣欣向荣"的景象。

借助于强劲的萌芽态势,我国旅游电子商务本可以早早地顺利进入发展阶段,但事与愿违,过热的市场投资与过于乐观的市场预测导致了 2000 年电子商务泡沫的破裂。与其他电子商务领域一样,我国旅游电子商务也进入了调整期。

（二）快速增长阶段

2002—2004 年是我国旅游电子商务的快速增长阶段。在经历了一年多的互联网泡沫破裂痛楚后,我国电子商务的发展因为"非典"迎来了快速成长期。2002 年 5 月,全国机票中央预订系统启动,这为我国旅游电子商务发展奠定了至关重要的基础,它标志着以在线预订为主要核心的早期旅游电子商务交易行为全面展开。这一阶段的重要事件有很多,如 2002 年 3 月携程并购北京海岸航空服务有限公司;同年 10 月,携程的总收入突破 1 亿元人民币;2003 年 12 月登陆纳斯达克;2004 年 7 月,美国的 Expedia 入股艺龙,同年 10 月艺龙在纳斯达克上市。与此同时,2002 年 11 月同程网上旅行社 1.0 版本研发成功;以淘宝和腾讯为首的传统电子商务巨头也纷纷进入旅游业,"淘宝旅行"和"QQ 旅游"凭借多年的客户积累和品牌塑造迅速在旅游电子商务市场中占有一席之地。

在我国旅游电子商务的快速增长期,最典型的一个特征就是形成了携程和艺龙这两大旅游电子服务提供商的竞争格局,此时的应用服务主要以在线预订为主要盈利模式。

（三）转型升级阶段

经历过快速增长期后,我国旅游电子商务为了更好地追随市场发展的脚步,步入了转型升级阶段,该阶段从 2005 年开始直至 2009 年结束。2005 年 5 月,"去哪儿"成立,这个与携程和艺龙具有完全不同盈利模式的企业成为我国第一家旅游搜索引擎网站,实现了网民在线比较国内机票和酒店价格的功能。两个月后,著名的硅谷风险投资商 Mayfield 和 GSR Ventures 完成对去哪儿网的第一轮投资;2006 年,芒果网和途牛网正式成立;同年 5 月至 12 月,同程网 CEO 吴志祥代表公司参加 CCTV"赢在中国"创业大赛进入五强,获得 IDG、Soft Bank、今日资本(Capital Today)等风险投资机构投资。

由于看到了中国旅游电子商务市场的巨大潜力,2007 年 9 月,Mayfield 和 GSR Ventures 以及 Tenaya Capital 完成对去哪儿网的第二轮投资。2008 年 11 月,南方航空、新浪网与芒果网达成全面的商旅业务战略合作,次年 3 月,芒果网与易休网完成并购,整合出全新子品牌。2008 年 11 月,欣欣旅游网正式组建,3 个月后其旅行社联盟正式上线。

时间推移至 2009 年,我国旅游市场的竞争愈加激烈,旅游电子商务市场也是如此。全球最大旅游网站之一的 TripAdvisor 的中国官方网站到到网正式上线。2009 年 1 月,途牛网与扬子晚报达成战略合作伙伴关系,在 3 月宣布完成数百万美金的 A 轮融资。同年 11 月,同程网进入租车市场。

在转型升级阶段,去哪儿网抢占市场,成为携程的最大竞争对手,同时,各种风险投资开始大举进入在线旅游市场,为我国旅游电子商务的发展提供了充足的资金动力。除此之外,O2O(Online To Offline,线上到线下)模式开始在旅游电子商务中出现,在线预订已不是 OTA 的唯一利润来源。当然,2005 年支付宝的出现也是我国旅游电子商务发展不可忽视的重要因素之一。

(四)高速发展阶段

从 2010 年开始,我国旅游电子商务进入了高速发展阶段,市场竞争十分激烈。2010 年 2 月,携程投资永安旅游(控股)有限公司旗下的旅游业务;同年3月收购汉庭连锁酒店集团和首旅建国酒店的部分股份。2011年,腾讯入股艺龙,以16％的股份成为艺龙第二大股东。2011年5月,去哪儿与中国旅游研究院建立战略合作伙伴关系;同年6月,去哪儿与百度共同宣布双方达成战略合作协议,百度成为去哪儿第一大机构股东。2013年11月1日,去哪儿网于美国纳斯达克上市。

2011年6月,为了向社会提供更便捷的客运服务,12306网站(中国铁路客户服务中心)开始试行网络售票。由于特殊的铁路售票管理体制,虽然起步较晚,它还是以极快的速度成为我国最大的在线预订网站之一。如今,12306年售票量已超过35亿张的客票,成为世界上规模最大的实时票务交易系统。自2018年1月3日发售春运车票以来,铁路部门累计发售了3.5亿张车票,通过12306平台就销售了2.8亿张,平均每日发售车票达937万张,最高日售车票达1135.7万张,高峰时每秒售票量达700张,已占到了总销售票量的80％。[①]

当前我国旅游电子商务仍处于高速发展阶段,线上和线下的结合愈发紧密,网络门户企业之间的合作愈加频繁。以手机为首的网络移动终端迅速在我国普及,移动旅游电子商务的应用全面展开。

第三节　旅游电子商务的特点和功能

一、旅游电子商务的特点与优势

（一）旅游电子商务的特点

1. 交易电子化

通过互联网进行的商务活动,交易双方从信息搜集、贸易洽谈、合同签订、货款支付到电子报关,无须当面接触,均可以通过

---

① 2018春运火车票务系统:每天1500亿浏览量,1秒卖票700张[EB/OL].https://yq.aliyun.com/articles/469822.

网络运用电子化手段进行。

2. 服务个性化

在旅游电子商务市场,可以进一步进行市场细分,针对特定的市场生产不同的产品,为消费者提供个性化服务。这种个性化主要体现在三个方面:个性化的信息、个性化的产品、个性化的服务。个性化的信息主要指企业可以根据客户的需求与爱好有针对性地提供商品信息,也指消费者可以根据自己的需要有目的地检索信息;个性化的产品主要指企业可以根据消费者的个性化需求来定制产品;个性化的服务则包括服务定制与企业提供的针对性服务信息。这种情况的出现一方面是因为消费者已经产生了个性化的需求,另一方面是因为通过互联网企业可以系统地收集客户的个性化需求信息,并能通过智能系统自动处理这些信息。

3. 交易透明化

电子商务基于网络平台进行交易,这种交易模式具有很强的透明性,通过互联网,买方可以对众多的企业产品进行比较,这使得买方的购买行为更加理性,对产品选择余地也更大;同时也使得建立在传统市场分隔基础上,依靠信息不对称制定的价格策略将会失去作用。通畅、快捷的信息传输可以保证各种信息之间互相核对,防止伪造单据和贸易欺骗行为的发生。网络招标体现了"公开、公平、竞争、效益"的原则,电子招标系统可以避免招投标过程中的暗箱操作现象,使不正当交易、贿赂投标等腐败现象得以杜绝。实行电子报关与银行的联网有助于杜绝进出口贸易的假出口、偷漏税和骗退税等行为。

4. 贸易全球化

网络是一个开放空间,它可以联通世界,形成一个联通的全球市场。在网上,任何一个企业都可以面向全世界销售自己的产品,可以在全世界寻找合作伙伴,同时也要面对来自世界各地的竞争对手。

5. 部门协作化

旅游电子商务要求企业内部各部门、生产商、批发商、零售商、银行、配送中心、通信部门、技术服务部门等通力协作。旅游电子商务是协作经济,网络技术的发展使得企业间的合作完全可以如同企业内部各部门间的合作一样紧密,企业无须追求"大而全",而应追求"精而强"。企业应该集中于自己的核心业务,把自己不具备竞争优势的业务外包出去,通过协作来提高竞争力。

6. 运作高效化

旅游电子商务实现了标准化的电子数据交换,这就使商业报文可以在瞬间完成传递与计算机自动处理,使旅游电子商务克服了传统贸易方式费用高、易出错、处理速度慢等缺点,极大地缩短了交易时间,提高了商务活动的运作效率。互联网沟通了供求信息,使企业可以对市场需求作出快速反应,从而可提高产品设计和开发的速度,做到即时生产。

7. 操作方便化

互联网几乎遍及全球各个角落,用户通过网络可以方便地与贸易伙伴传递商业信息和文件。在旅游电子商务环境中,人们不再受时间和地点的限制,客户能以非常简便的方式完成过去手续繁杂的商务活动,如可以随时上网查询信息、通过网络银行全天候划拨资金、足不出户订购商品、跨越国界进行贸易洽谈等。

(二)旅游电子商务的优势

1. 互联网＋旅游的契合性

旅游业是信息密集型产业和信息依托型产业,而网络本身具有廉价、快速、便捷、手段多样等特性,旅游业与电子商务的结合必定给其发展带来新的生机和活力。旅游业是目前公认的最容易与电子商务整合的行业之一,且旅游电子商务已成为全球电子商务的第一大行业。电子商务由于其高速度、高精确度和低运行成本,非常适合处理像旅游业这样远距离、多批次的小额交易。互联网超越时空的特点,将旅游经营者与旅游消费者连在一起,使无限多的信息交换成为轻而易举的事情。

2. 能较好地集聚分散的旅游客户资源

随着时代发展,人们的旅游偏好发生了变化,当前人们更青睐于个性化、零散化的旅游消费,而曾经居于主流的团队旅游逐渐被替代。仅从信息服务这一点来看,散客旅游带给传统旅游经营者大量的咨询业务量,效率低下,成本昂贵。而旅游电子商务可以为消费者提供目的地预览和决策参考信息,这种服务是全天候跨地域的。传统旅行社在散客接待上的力不从心,根本原因是单个旅行社的客源量和信息流量有限,造成无法使购买个性旅游线路的旅游者聚集到发挥旅行社规模经营优势的程度。而互联网可提供可视、可查询、可实时更新的信息平台,通过旅游经营者和旅游消费者对旅游市场的参与,网上成团和网上拼团得以实现。

3. 旅游产品自身特点适合电子商务

旅游产品是指旅游经营者通过开发、利用旅游资源提供给旅游者的旅游吸引物与服务的组合,已不是以物质形态表现出来的一个具体劳动产品,而是以多种服务表现出来的无形产品。旅游产品的电子商务与实物的电子商务,最大的不同在于,前者具有不可复制性和超强的时效性。

通常旅游产品是由旅游资源、旅游服务设施和旅游交通等方面组成的,这些方面决定了旅游产品具有不可移动和不可储藏的特点,其生产和销售的过程是在服务的过程中同时完成的,而且消费过程是旅游者向旅游目的地进行移动,因此在电子商务的实现上基本不需要物流配送环节。此外,旅游产品包含大量相关的食、住、行、游、购、娱等产品信息,旅游销售的过程其实质就是将各类信息传递到旅游需求人群的信息传递过程。由于旅游产品的这些特性,发展旅游电子商务的条件可谓得天独厚。

需要注意的是,消费者在消费旅游产品和消费其他商品时存在明显区别,消费者在实现旅游消费之前,是看不到旅游产品实物的。因此,对于旅游者来说,旅游信息的充分与否非常重要,而传统的旅行社与游客之间往往信息不对称,电子商务可以弥补这一不足。旅游者在购买旅游产品之前可以通过浏览旅游企业的网站,获取更充分的产品信息以指导自己的购买行为;对于旅游景点来说,也可以将景点的特色、人文景观、服务设施和交通情况等以图、文、声、像的方式发布到互联网上,供全球范围内的消费者查询浏览,为游客提供大量丰富的旅游信息,吸引大批潜在的游客前往实地游览。

4. 适合跨国界合作和跨空间运作

自 20 世纪 80 年代以来,国际旅游业迅速发展,国际旅游消费产生的快速反应和产品灵活机动的要求,使传统的操作方式和技术已经远远跟不上时代的需要。国际化的旅游业,需要解决旅游产品信息和旅游交易信息的跨国传递、资金的跨国结算等问题。它涉及众多的单位以及相关的业务,至少涉及两国以上的语言和法律,操作中的票据、票证、文件繁多,处理过程繁杂。信息技术的发展尤其是 Internet 的形成,给国际旅游业的发展提供了有力保障。Internet 完全不同于传统媒体,它是互动的、开放的、多媒体结合的、不受时空限制的。利用互联网跨国交流信息的平均成本和边际成本极为低廉的优势,国际旅游业通过互联网直接传递和处理电子单证,既节约了纸质单证的制作费用,又可以缩短交单结汇的时间,加快了资金周转,节省了开支。

二、旅游电子商务的主要功能

(一)具体功能

旅游电子商务涉及的范围比较广,其功能也多种多样。旅游电子商务的主要功能有以下几项:第一,信息服务,提供旅游产品信息、旅游企业信息、旅游行业信息、旅游交通信息、气象信息、即时信息以及旅游常识等;第二,广告宣传,旅游产品供应商可凭借企业的 Web 服务器,利用 Internet 在全球范围内作广告宣传;第三,咨询洽谈,可借助实时或非实时信息交流系统了解旅游市场和产品信息,洽谈交易事务;第四,网上预订,主要提供酒店客房、机票、旅游线路、景区门票及火车票预订等;第五,网上支付,采用电子商务网站提供的网上支付手段,实施网上支付;第六,在线服务,提供交易前、交易中和交易后的即时在线服务,尤其是对旅游者的咨询和投诉,提供及时、优质的服务;第七,客户调查,使用网页上的表单,收集旅游者对服务的反馈意见,使旅游电子商务市场运营形成一个封闭的回路;第八,交易管理,交易管理涉及人、财、物多个方面,包括旅游企业之间、旅游企业与管理者之间,以及旅游企业内部等各方面的协调和管理,交易管理是涉及旅游商务活动全过程的管理。

(二)旅游电子商务体系

旅游电子商务体系是在网络信息系统的基础上,由旅游机构、使用互联网的旅游者或潜在旅游者、旅游信息化组织、电子商务服务商和提供物流及支付服务的机构共同组成的信息化旅游市场运作体系。该体系将旅游业各方面的信息资源、服务资源、客户资源集中起来,把服务于旅游业的金融机构、旅游目的地营销机构也集合起来,形成一个虚拟的巨大市场空间。采用互联网平台在世界范围内处理市场信息、沟通服务与消费,任何旅游企业都可以与旅游者通过网络直接进行物质上虚拟、信息上真实的接触。信息的传递能在瞬间完成，信息迟滞和通过中间环节的信息迂回大大减少，效率大大提高。旅游电子商务体系不仅能容载、传递大量的信息，而且具有智能化的信息处理功能，正因为如此，才使旅游电子商务体系具有非常广泛的应用性和生命力。

1. 旅游电子商务的信息流具有可统计性

通过传统的渠道如电视、报纸等传递旅游信息，无法精确监测信息的抵达和利用率。而电子商务网站的流量分析系统，可以对网站流量乃至任意页面的访问流量进行数据分析，分析出最受欢迎的信息栏目，甚至还能监测出访问者的来源地区。

2. 旅游电子商务可以对信息智能化提取、组织和再造

由于旅游信息量十分巨大，并且是不断更新的，需要非常好的规划和组织并且配合先进的计算机软硬件技术，才能实现旅游电子商务体系信息的有效运营。具体来说包括三个方面：第一，旅游电子商务中信息的输入、存储、表现是有序的。旅游信息数据库采取树形分类结构存储旅游信息，每个信息项都有其时间、关联等属性定义。旅游网站的设计要分析浏览者的信息需求、认知和阅读习惯，以最有效的形式表现旅游信息，并能引导访问者。第二，旅游电子商务体系提供旅游信息的检索和导航，提供旅游服务查询、旅游景点查询、旅游路线查询、旅游企业黄页查询、关键词查询等功能，大大提高了用户获取目标信息的效率。第三，旅游电子商务体系向智能化发展，它能自动记录、分析、整理和反馈信息，如帮助游客进行行程规划并推荐旅游产品；为游客提供咨询，进行公开的产品与服务比较；根据访问者注册时提供的偏好信息，提供内容的个性化定制，定期发送按其偏好制作的电子杂志；自动统计内容访问和产品预订，指导旅游企业的市场策略等。这些功能使旅游信息的挖掘更充分，利用更有效，充分发挥了旅游信息资源在商务活动中的价值。

3. 旅游电子商务体系的信息流提供了便捷的全球化网络沟通联络方式

旅游电子商务体系的信息容量大,信息传输在瞬间完成且成本低廉。它能传递文字、图片声音、视频等不同形式的信息,能通过电脑、移动信息终端、城市多媒体触摸屏等多种方式访问,信息沟通是双向的,非常适合旅游业跨地域运作的特点并适合流动中的旅游者使用。

可以看出,在整个旅游电子商务体系中,信息流居于领导和核心地位。它是实现旅游电子商务体系的基础。在旅游电子商务环境下,企业借助现代信息网络技术,使得信息流的流动变得更为通畅。信息流伴随着整个业务流转过程,并对整个业务流程进行控制。信息流的顺畅与否将直接影响交易的效率,甚至交易的成败。

第四节　我国旅游电子商务的发展现状和趋势

一、我国旅游电子商务发展现状

伴随着经济的增长,人们从注重物质生活消费逐渐转移到追求精神生活消费,旅游不再是少数人的专利,旅游产品的设计也更加贴近群众。互联网的普及让旅游电子商务应运而生,信息技术的更新换代更是让旅游电子商务得到广泛应用。

(一)旅游电子商务规模

1. 互联网发展并普及应用

2015 年,国际通信联盟发布的统计数据显示,截至 2015 年 5 月,全球互联网用户超过 30 亿,占全球人口总数 40%。有着"互联网女皇"之称的玛丽·米克尔(Mary Meeker),于 2018 年 5 月

30 日在美国加利福尼亚州帕洛斯韦尔德举办的 Code 大会上发布了 2018 年的互联网趋势报告。报告显示，2017 年互联网用户的增长为 7％，全球互联网渗透率达到 49％，预计 2018 年将达到 50％，达到 36 亿。① 根据 CNNIC 发布的第 41 次《中国互联网络发展状况统计报告》显示，截至 2017 年 12 月，我国网民规模达 7.72 亿，全年共计新增网民 4074 万人，网络普及率为 55.8％；手机网民规模达 7.53 亿，较 2016 年增加 5734 人，网民中使用手机上网人群占比由 2016 年的 95.1％提升至 97.5％。②

互联网在全球范围渗透并影响着各行各业，由此可见互联网的商业模式也在不断扩大，旅游电子商务市场存在巨大的发展潜力。

2. 电子商务的交易规模不断扩大

20 世纪 90 年代，电子商务迎来酝酿起步阶段，交易规模不断扩大。1994 年全球电子商务销售额仅为 12 亿美元，1997 年达到 26 亿美元，1998 年暴增至 500 亿美元，1999 年攀升至 1400 亿美元，2000 年超过 3000 亿美元，2014 年全球销售总额高达 1.316 万亿美元。我国电子商务起步于 1997 年，最初的网络交易来自中国民航订票系统出售的 5560 多万张机票，金额近 200 亿元人民币。此后，我国电子商务交易屡创新高，2008 年中国电子商务市场交易额达到 3.15 万亿元；其中，B2B 交易额达到 3 万亿元，B2C 与 C2C 网购交易额达到了 1500 亿元。③ 据国家统计局电子商务交易平台调查显示，2017 年全国电子商务交易额达 29.16 万亿元，同比增长 11.7％。④ 据 We Are Social 公司统计数据显示：

① 2018 互联网女皇趋势报告：全球互联网用户出现个位数增长［EB/OL］. https://www.e-learn.cn/news/kejiqianyan/651942.

② CNNIC 发布第 41 次《中国互联网络发展状况统计报告》［EB/OL］. http://www.cac.gov.cn/2018—01/31/c_1122346138.htm.

③ 章牧. 旅游电子商务［M］. 北京：中国旅游出版社,2016,第 9 页.

④ 2017 年全国电商交易额 29.16 万亿［EB/OL］. http://www.100ec.cn/detail—6438486.html.

电子商务水平与国家或地区的经济水平也成正比,英国、德国、韩国、美国和澳大利亚的网购人数超过人口总数的一半,其中英国网购人数多达 64%,位居全球榜首。我国城市与农村的互联普及程度存在差距,且作为农村人口数大国,网购人口数高达 4.8 亿人,占总人口的 37%。

3. 旅游电子商务的交易规模不断攀升

(1)旅游电子商务规模稳定提升。据 CNNIC 数据显示,1999年,全球旅游业电子商务交易额为 270 亿美元,占全球电子商务交易总额的 20% 以上。全球约有 17 万家以上的旅游企业在互联网上开展专业、特色、综合的旅游服务;约有 8500 万人次以上享受过旅游网站的便利服务。全球旅游电子商务连续 5 年以超过350% 的速度迅猛发展。到 2014 年,全球在线旅游市场的交易规模达到 3829 亿美元。我国的旅游电子商务始于 20 世纪 90 年代后期;1997 年,华夏旅游网和我国旅游资讯网相继成立,成为我国第一批旅游业网站,标志着我国旅游业开始进入网络化;2000 年4 月,青旅在线的诞生标志着我国旅游电子商务进入"鼠标+水泥"的阶段;2000 年 10 月,携程旅行社网宣布收购现代运通,标志着它从一个互联网企业转型为大的旅游企业;2000 年年底,国家旅游局主导的"金旅工程"致力于加速旅游企业向电子商务化转型。经过分化、整合以及经营策略的再探索,我国旅游电子商务逐渐走入一个成熟稳健的发展阶段。根据 CNNIC 的统计显示,截至 2017 年 12 月,在线旅行预订用户规模达到 3.76 亿,较 2016年底增长 7657 万人,增长率为 25.6%;在线旅行预订使用比例达到 48.7%,较上年提升 7.8 个百分点,如图 1-1 所示。网上预订火车票、机票、酒店和旅游度假产品的网民比例分别为 39.3%、23.0%、25.1% 和 11.5%。①

---

① 第 41 次《中国互联网络发展状况统计报告》[EB/OL]. http://www.cac.gov.cn/2018—01/31/c_1122347026.htm.

图 1-1 在线旅行预订/手机在线旅行预订用户规模及使用率

（2）移动旅游电子商务迅猛发展。据 ITU 统计，2G 移动蜂窝网络（简称 2G 网络）在全球范围的覆盖率在 2001—2015 年，从 58％增长至 95％。2015 年，3G 移动通信（简称 3G 网络）在全球范围的覆盖率从 2011 年的 45％，增长至 2015 年的 49％。4G 移动通信（简称 4G 网络）作为后起之秀，迅速在全球范围内完成部署。2013 年，"谷歌光纤概念"开始在全球发酵，拉开了全球 4G 网络的序幕。2014 年年底，4G 网络在全球范围内的覆盖率达到了 27％。截至 2015 年 1 月，全球运营的 4G 运营商数量达到 352 家。4G 连接数从 2013 年年底的 2 亿人，到 2014 年年底猛增到 4.9 亿人。据 We Are Social 公司统计，截至 2014 年 9 月，手机用户超过全球总人口的 50％，达到 36.5 亿人。[①] 移动通信频谱的另一端，平板电脑的普及也日益广泛。移动网络技术和移动设备的更新换代，无疑是移动电子商务发展的最佳垫脚石。

截至 2018 年 4 月底，中国 4G 网络覆盖全国 95％的行政村和 99％的人口，超过 95％的行政村实现光纤宽带网络通达。工信部称，2018 年实施"深入推进网络提速降费、加快培育经济发展新动能 2018 专项行动"，广大消费者和全社会进一步享受到信息通信

---

① 章牧．旅游电子商务［M］．北京：中国旅游出版社，2016，第 10 页．

发展带来的成果。① 据 CNNIC 统计,手机成为在线旅行预订的主要渠道。截至 2017 年 12 月,通过手机进行旅行预订的用户规模达到 3.40 亿,较 2016 年年底增长 7782 万人,增长率为 29.7%。我国网民使用手机在线旅行预订的比例由 37.7% 提升至 45.1%。② 其中,手机在线旅行预订是移动终端增长速度最快的商务应用,手机火车票预订对其用户规模增长贡献最大。

(二)旅游电子商务的智能化应用

社会在发展,科技在进步,电子商务新的技术热点层出不穷:以 RFID、二维码、图像识别技术等为代表的用户和商品标识识别技术,以数据挖掘、消费者行为分析为代表的信息处理技术,以移动定位、LBS 为代表的用户位置信息识别技术,以移动支付安全技术、空中圈存技术、电子钱包技术、非接触技术等为代表的移动支付技术,以云计算、大数据为代表的数据资源共享等,这些技术的发展无疑为旅游电子商务智能化发展奠定了坚实基础。因此,近年来旅游电子商务不再局限于利用互联网开展简单的电子化业务,越来越多的智能高新产品与服务出现在旅游业。

1. 智能穿戴系统

随着科学技术的不断进步,穿戴式智能设备已经进入人们的生活。智能穿戴设备是应用穿戴式技术对日常穿戴物品进行智能化设计,通过软件支持、数据交换和云端交互等,日常穿戴物品变为便携式智能终端。

早在 2002 年,美国就尝试开发智能穿戴产品,但经过 10 年的发展,智能穿戴才在全球范围内迎来全面发展。2012 年,谷歌

---

① 中国 4G 网路覆盖 99% 人口 超 95% 行政村通光纤宽带[EB/OL]. http://news. 163. com/18/0611/02/DK03TU6M000187V5. html.

② 第 41 次《中国互联网络发展状况统计报告》[EB/OL]. http://www. cac. gov. cn/2018—01/31/c_1122347026. htm.

公司发布了谷歌眼镜,可实现声控拍照、视频通话、辨别方向、上网冲浪、处理文字和电子邮件等功能。同年,比利时根特大学微系统技术中心研制出一种可接收手机内容的智能隐形眼镜。德国 O-Synce 公司发明了一款可变身小屏幕、随时追踪佩戴者运动进程和速度的 Screeneye x 鸭舌帽。Nike、Jawbone、Fitbit、Amiigo、Lark 和国内的叮咚、华为、幻响等是比较常见的智能手环品牌,可以实现记录佩戴者日常生活中的锻炼、睡眠和饮食等实时数据,并将这些数据与智能移动终端同步。

随着智能穿戴的发展并逐渐进入市场,旅游行业也开始尝试与其实现有机合作。2013 年,美国迪士尼乐园推出了一款橡胶塑料制成、内置蓝牙和 RFID 技术的智能手环,称为迪士尼魔术手环(Disney Magic-Band)。Virgin Atlantic 与谷歌眼镜合作,为希斯罗机场头等舱乘客提供基于谷歌眼镜的个性化服务,让乘客享受个性化的行程体验。智能穿戴不仅让游客享受无界旅游的乐趣,使出行更加便捷,而且便于旅游企业的管理与经营,在旅游业未来发展应用的趋势显而易见。

2. 智能导览

在传统旅游模式中,由于信息孤岛的存在,导览系统并不能及时为游客提供旅游目的地行程线路等实时和互动信息,无法实现旅游目的地一体化导览功能。物联网、无线定位技术、云计算技术等新技术的兴起对旅游目的地导览系统的升级换代而言,则是一个很好的契机。

2010 年 7 月,美国自然历史博物馆推出一款基于 iPhone 手机 IOS 操作系统的博物馆导览系统——美国自然历史博物馆探索者,该导览系统界面友好、功能强大,可实现实时定位和路线导航功能。作为世界著名的旅游目的地之一,意大利威尼斯也推出了 HOPPY 导游系统,可供游客租赁使用。智能导览在我国也备受追捧,特别是在旅游景区内的使用。2015 年,厦门鼓浪屿推出一套全新的智能导览系统,游客仅借助智能手机,通过铺设在景区内的蓝牙设备便可获取语音导览及其他旅游资讯,实现自助游览服务。此外,该导览系统可实现720°全景体验鼓浪屿、自助呼叫就近导游,还可监测并反馈实时游客量。

导览系统和旅游行业之间具有紧密联系,最开始的导览系统是基于移动 GIS、电子地图、语音识别和计算机视觉技术为人们提供游览服务,随着技术的发展和完善,功能也趋于人性化和智能化;而后,智能导览转向兼顾游客需求、景区管理和景区维护;到今天,智能导览依托云计算、大数据,载体趋于与智能终端设备一体化,可实现跨景区、实时、互动的功能。依据不同载体,导览系统可以划分为以下两类。

(1)基于 Web 网页的导览系统。此类型较常见,以一个友好的界面向游客提供大量旅游资讯。游客只需动动鼠标,即可获取地图、图片和视频等旅行信息,轻松移动电子地图,执行缩放、选择等动作。此外,还可协助用户制定旅行规划。

(2)基于手机的智能导览。随着智能手机的普及应用,手机智能导览应运而生。通过移动接口和智能手机,用户可随时随地接入互联网,获取旅游资讯、发掘景点、修改逗留时间等,同时配备全球定位系统获取用户位置等信息。随着智能手机更新换代和 4G 移动网络的出现,此前由于手机屏幕尺寸小和无线网络接入速度较慢与不稳定等因素影响用户体验的不足得以克服。

3. 智能手机旅游应用程序

当前,智能手机的使用率很高,在全球各类手机所占比例也越来越大,2015 年爱立信公布的数据显示,全球 38% 活跃移动连接来自智能手机。截至 2017 年 12 月,我国手机网民规模达 7.53 亿,网民中使用手机上网人群的占比由 2016 年的 95.1% 提升至 97.5%。以手机为中心的智能设备,成为"万物互联"的基础,车联网、智能家电促进"住行"体验升级,构筑个性化、智能化应用场景。① 智能手机的普及掀起了智能手机的第三方应用程序风潮。该应用程序，又称为手机客户端或移动应用。按照内容，APP大致可分为游戏类、社交类、娱乐类、实用生活类和通信类等。智能手机旅游应用程序，是指面向旅游者提供旅游相关服务的智能手机第三方应用程序，又称智能手机客户端，简称旅游APP。

手机借助旅游电子商务高速发展，在旅游行业抢占市场，其在旅游业的应用主要有以下4个方面：①提供旅游资讯服务，如自动发送旅游欢迎信息、手机报等；②信息检索服务，通过手机WAP上网查询景区、住宿、美食购物等资讯；③信息咨询服务，拨打服务电话向当地人工服务平台咨询旅游信息；④预订服务，拨打预订电话，可以预订机票和酒店。技术与硬件设备的更新换代推动旅游电子商务发展，旅游APP便是其中的产物之一。

2009年，黑莓的旅游智能手机率先开发成功第一款移动支付功能包，但当时的应用程序仍然存在不少缺陷。经过技术服务商、互联网服务公司和旅游公司的共同努力，智能手机的旅游应用程序不断完善。2011年，加拿大推出了一款拥有成千上万关注者的旅游APP——Computer Electronics Canadas。该APP向游客提供吃、住、行、游、购、娱等必需的旅游服务。2012年，专门从事国际旅行的在线旅行社Vayama.com开发了Pocket Guide旅游APP，它支持旅行过程中通过手机，以图片、视频、文字等方式记录、分享旅游经历的功能，是一种类似城市指南的应用程序。目前国内"去哪儿""一起游吧""百度旅游"和"驴妈妈旅游"是常见的旅游APP。依据旅游APP的侧重内容不同，可以将适用Android操作系统的APP分为以下十个类型，见表1-1。

---

① CNNIC发布第41次《中国互联网络发展状况统计报告》[EB/OL]. http://www.cac.gov.cn/2018－01/31/c_1122346138.htm.

表 1-1　适用 Android 操作系统的旅游出行 APP

类别	APP
手机旅游管理软件	旅游趣吧、旅游购物、掌上旅游导航、顾问小助手等
手机国外旅游软件	I Tour Seoul、Pocket Guide、Air bnb 等
手机旅游景点软件	苏州古城导游、张家界旅游网、优巢丽江等
手机旅游服务软件	携程旅行、同程旅游、到到网 Trip Advisor、去哪儿、途牛等
手机旅游分享软件	蚂蜂窝、游迹、足迹、Jeep 旅行相机等
手机旅游出行软件	铁旅随行、龙腾出行、易客行等
手机旅游指南软件	墨西哥旅游指南、巴黎穷游城市指南、曼谷穷游城市指南等
手机旅游社交软件	捡人网、驴伴、途聚等
手机户外旅游软件	乐去户外旅行、两步路户外助手、户外旅游等
手机旅游行程软件	穷游清单、无境旅游等

现在市场上有很多旅游 APP,但其中大部分都是以 APP 形式将已有在线旅游网站的主要业务功能从电脑搬到了智能手机上,除了具备手机在旅游业最早的应用功能外,还可以实现随时随地手机在线支付、记录与分享旅行信息、计划行程、预订选座等功能。

4. 智慧旅游系统

随着科学技术的进步和普及应用,智能化是各个行业的发展趋势,旅游电子商务也是如此。旅游电子商务智能化发展势不可当,自 2008 年国际商用机器公司首先提出"智慧地球"的概念后,"智慧城市"和"智能旅游"由此衍生。智慧旅游,也叫智能旅游,是基于新一代信息技术,为满足游客个性化需求,提供高品质、高满意度服务,而实现旅游资源及社会资源的共享与有效利用的系统化、集约化的管理变革。本质而言,是指包括信息通信技术在内的智能技术在旅游业中的应用,是以提升旅游服务、改善旅游体验、创新旅游管理、优化旅游资源利用为目标,增强旅游企业竞争力、提高国外智慧旅游行业管理水平、扩大行业规模的现代化工程。

（1）外国智能技术在旅游行业的应用。实际上，"智慧旅游"是最近才提出的新概念，但是早在这个概念提出之前，就已经有一些发达国家在旅游行业运用智能技术。2005年，美国科罗拉多州Steamboat滑雪场首次推出为游客配置的RFID定位装置反馈系统Mountain Watch，该系统由有源RFID、无源RFID标签和RFCODE组成，能够实时监测游客的位置、推荐滑雪线路、反馈游客消费情况，为游客提供安全便捷的科技化服务。Mountain Watch的推出成为智慧旅游的开端。英国伦敦利用3G通信技术，推出可供自助游客轻松游玩娱乐的伦敦智能导游系统。韩国针对自助游客推出了"I Tour Seoul"智能旅游系统，为游客提供低价iPhone手机租赁服务（3000韩元/天）、智能旅游信息服务和优惠信息与租赁等附加服务。比利时推出的"标识都市"项目，采用近距高频无线通信芯片，制成带条码的不干胶，粘贴遍及各个旅游景点，便于游客通过智能手机的条码扫描器获取旅游资讯。新加坡提出"智能国2015计划"，使游客随时随地可通过互联网、手机、公用电话亭、交互式电视和游客中心等渠道获得一站式旅游信息和服务支持、购买相关旅游商品或专门服务。同时，还向游客推出"我行有我，新加坡"交互式智能营销平台。

（2）我国智能技术在旅游行业的应用。我国政府也重视科技创新在旅游业的发展应用与推行。2009年12月1日，国务院印发了《国务院关于加快发展旅游业的意见》，提出"要以信息化为主要途径，提高旅游业服务效率"。在国家政策的支持下，"感动芯"技术在江苏镇江研制成功，并在上海世博会上得到应用。"感动芯"的研制成功，对促进软件事业和旅游事业的发展起到了推动作用，也为旅游智慧化发展奠定了坚实基础。2010年，福建旅游局在网上建立"海峡智能旅游参建单位管理系统"，启动"智能旅游"的先导工程，即一网（海峡旅游网上超市）、一卡（海峡旅游卡，包括银行联名卡、休闲储值卡、手机二维码的"飞信卡"，以及衍生的目的地专项卡等）、一线（海峡旅游呼叫中心，包括公益服务热线和商务资讯增值预订服务热线）组成的"三个一"工程。

2011年,南京市把各旅游景区、旅行社、饭店、公共交通企业以及一切与旅游相关产业的信息整合在一起,建设统一的"智慧旅游管理平台和旅游资源基础数据库"。2014年,国家旅游局推出"智慧旅游年"的主题,并遴选了北京、武汉、福州、大连、厦门、洛阳、苏州、成都、南京、黄山、温州、烟台、无锡、常州、南通、扬州、镇江、武夷山等18个城市为首批"国家智慧旅游试点城市"。

(三)旅游电子商务的市场状况

1.网络旅行预订代理商大规模发展

网络旅行预订代理商(Online Travel Agent,OTA),即第三方在线代理商,是指通过与酒店、机场、旅行社等进行合作,向客户提供集酒店预订、机票预订、度假预订、商旅管理、旅游资讯等在内的全方位旅行服务的代理公司,见表1-2。2013年,中国旅游市场第三方代理商收入为230亿元。2015年,阿里旅行推陈出新,在传统OTA业务上,推出"未来酒店"和"未来景区"项目,即"阿里旅行·去啊"发布的"信用住"和"信用游"服务。只要用户的芝麻信用分达到600分,即可提前在阿里旅行客户端预约合作的酒店和景区,预约成功后即可先入住、先游玩、后付费。该服务无须支付押金、无须排队退房、无须兑换纸质门票,在游客享受服务后24小时自动从支付宝账号扣除费用。可见,就目前的发展势头而言,未来代理商队伍将日益壮大及发展。

在线机票预订领域,机票业务仍为OTA平台的主要营收来源。一是国内机票业务量的规模化增长为OTA平台带来稳定的营收;二是国际机票预订量大幅增长,通过多元化服务收费模式补强原有机票业务;三是通过接送机、保险等增值服务收费模式拓展机票业务,持续提升盈利能力。

酒店预订领域,OTA平台线下挖掘,酒店直销和共享民宿发展较为突出。OTA平台通过在二、三、四线城市建立线下门店和开展营销活动大幅提升酒店预订业务量;酒店通过多品牌布局叠加和会员体系服务提升直销能力;城市及乡村"共享民宿"规模渐进式增长,受到资本市场的投资和关注。[①]

表 1-2 世界十大 OTA

公司	创立时间	旗下品牌	提供服务	经营模式
Priceline	1998 年	booking.com agoda.com priceline.com 等	酒店、机票、租车、旅游打包产品等在线预订服务	客户反向定价,在线旅游 C2B 模式开创者
TripAdvisor	2000 年	TripAdvisor Airfarewatchdog BookingBuddy 等	为旅行者提供酒店评论、酒店受欢迎程度索引、高级酒店选择工具、酒店房价比价搜索、社会化的旅途图片分享和在线驴友交流等服务	全球最受欢迎的旅游社区和旅游评论网站,以打造社区为中心
Expedia	1996 年	Expedia.com Hotels.com Hotwire.com Vacations Expedia Local 等	在线旅游产品预订,涵盖酒店、机票、租车、豪华邮轮、活动、目的地旅游服务、商旅服务及旅游媒体服务	代理＋批发商模式为主,业务庞杂,品牌多元化
携程旅行网	1999 年		机票、酒店、旅游度假、商旅等服务	OTA(在线旅游)＋传统旅游,转型"手指"＋"水泥"

---

① 第 41 次《中国互联网络发展状况统计报告》[EB/OL]. http://www.cac.gov.cn/2018—01/31/c_1122347026.htm.

公司	创立时间	旗下品牌	提供服务	经营模式
HomeAway	2005 年	HomeAway.com VRBO.com Vacation Rentals.com 等	旅游目的地业主房屋租赁,信用卡商业账户,旅游保险,房屋损坏保护,退税等服务	全球最大的假日房屋租赁在线服务提供商"民宿一哥"
去哪儿	2005 年		国内外机票、酒店、度假和签证服务的深度搜索	从旅游垂直搜索、平台到 TYS
Kayak	2004 年	2012 年 8 月被 Priceline 收购	旅游搜索引擎,除了航班和酒店预订服务以外,还提供度假和租车服务	旅游产品精专搜索技术服务商
Orbitz	2001 年	Labs.orbitz.com	机票,酒店,租车,游轮,度假套餐等旅游产品的搜索预订、旅游产品预订及行程规划等服务	携程对标,旅游 OTA 大数据试水者
MakeMyTrip	2000 年	Hoteltravel.com Makemytrip.ae Makemytrip.com.sg	机票,酒店,包裹,火车票,汽车票,汽车租赁和旅游配套服务如旅游保险,签证办理等服务	印度最大的在线旅游公司,印度的携程
TravelZoo	1998 年	fly.com	从全球数以千计的旅行社、旅游产品提供商、酒店及航空公司推出的最新优惠中,精心挑选最值得推荐的旅游产品,并向订户发送 TOP20 精选限时旅游情报等服务	美国在线旅游信息服务 + TOP20 精选特惠

　　OTA 的发展势头强劲,加剧了市场竞争的激烈程度,给传统旅游企业带来巨大的变革压力。传统旅游企业不再墨守成规,陆

续地将线下业务搬上互联网,积极拓展旅游电子商务业务,主动开发旅游电子商务新产品与服务,以寻求发展新的突破口。可见,传统旅游企业也在积极完成电子商务转型。

2. 旅游电子商务产品与服务不断创新

当前我们正处于知识经济时代,创新是推动发展的最重要动力之一,旅游电子商务想要实现进一步发展,就必须推动旅游电子商务产品与服务的创新。创新是指把关于生产要素的新组合引入生产体系,包括引进新产品、引用新技术、开辟新市场、控制原材料新的供应来源和实现工业的新组织等五个方面。旅游电子商务的创新依赖于旅游产业链各个环节之间、旅游企业内部各个部门之间以及旅游企业与外部的各种机构之间信息的有效流动。随着时间的推移和技术的进步,人们对旅游电子商务的需求不断增加,旅游电子商务产品与服务必须不断创新,方能满足游客的需求。从单纯的信息发布和被动的网络营销向全方位交易服务发展,不断实现集预订、组团、付费、服务监控、投诉、管理于一身的一站式旅游电子商务服务。

旅游行业随着科学技术的进步而不停发展。早期的旅游电子商务由旅行社、酒店和景区结合 24 小时呼叫中心与互联网实现了旅游产品在线销售实时更新、价格真实和流量可控。紧接着为实现互联网线上预订到线下门店服务的无缝对接,旅游企业开始整合线上线下的资源,完成线上线下一体化服务,即线上提供产品和服务的咨询、销售、订购、信息反馈等,线下以服务带动产品销售,这就是 Online To Offline(简称 O2O)模式。移动智能终端与社会化媒体的出现,推动着旅游电子商务产品和服务的载体从 PC 端和 Web 服务跨入移动端和第三方应用程序。由此可见,旅游电子商务的产品和服务时刻保持创新,才能跟上社会现代化与智能化发展的步伐。

二、我国旅游电子商务发展中存在的问题

随着生活水平不断提高,人们对旅游服务提出了更多要求,他们需要个性化服务和多样性选择。互联网的飞速发展,提供了自由沟通和最大范围传播的可能性。旅游电子商务的发展,将把互联网与传统旅游业结合起来,融合成一个新兴产业,为世界各地的人们丰富旅游生活。

近年来,我国物质文明建设取得了很大成就,在人们生活质量日益提高的今天,旅游成为人们休闲放松的很好选择。人们收入水平的提高和消费方式的多样化,加之节假日的增多,都使旅游业出现了旺盛的市场需求,旅游业的发展步伐日趋加快。而且,随着国内互联网事业的发展,旅游已经成为网上的热点主题。几乎所有大型内容网站都包含了旅游方面的内容。例如,在旅游景点的介绍中,界面华丽的多媒体演示、亲切宜人的旅游路线推荐等,都吸引了不少网民的关注。此外,与旅游相关的交通、住宿信息也逐渐丰富起来。专业旅游网站也在逐渐增多,如中国旅游资讯网、携程旅行网等都是比较有代表性的专业网站。应当指出的是,我国旅游电子商务历经多年的发展已经取得了一定的成绩,但存在的问题和困难也很多,具体表现在下述几个方面。

(一)没有健全的法律法规为旅游电子商务发展提供法律保障

近年来,旅游电子商务在我国高速发展,但目前与旅游电子商务相关的法律、法规还不健全。比如,如果一家网络公司要独立开展与旅游相关的电子商务业务,那么从现行的规定来看是不合法的,因为旅游业务只能由经过旅游局批准的旅行社等机构来经营,而网络公司不具备相应的条件,很难得到政府旅游主管部门的许可,这样必然形成新的行业壁垒;非旅游企业不能做旅游电子商务业务,而旅游企业又做不好电子商务,这对旅游电子商务的发展是不利的。此外,旅游电子商务往往需要跨地域运作,交易双方的信用如何保证、网上交易纠纷如何处理都有待相应的

法律来规范。

（二）旅游服务与网络存在严重脱节的情况

开展旅游电子商务的企业往往把网上业务和网下业务分开来单独处理，这种情况很容易造成两者的脱节。比如，旅游者在网站已经预订了宾馆的客房，而宾馆的总台由于没有及时从网上获得相应信息，常常会遗漏客户的订单，从而引起客户的不满；网上提供的预订服务不是直接通过中心数据库处理的，不能实现票据、单证的实时查询，客户必须进行较长时间的等待才能得到回复，使客户参与这种网上业务的兴趣大减，影响了电子商务的实际效果。所以，加强旅游服务网上、网下的信息集成，实现数据共享，是推进旅游电子商务发展的重要条件。

（三）旅游电子商务发展和应用层次有待提高

当前，我国大部分旅游企业还简单地把网络视为介绍企业、景点和旅游线路的工具，没有将企业的核心业务流程、客户关系管理、客户服务等延伸到互联网上，没有充分体现出互联网应有的价值。此外，在线预订和个性化定制方面的问题也十分突出，网上旅游服务项目比较少。目前，国内大多数旅游网站为散客提供的服务多为订票、订房等，而较少涉及旅游线路设计、自助旅游安排等项目，不能很好地满足旅游者的需求，因此，很难得到旅游者的认同。

我国旅游相关行业在技术运用方面存在滞后现象，没有将计算机和网络技术有机地运用于各相关环节，发展并不平衡。比如，铁路、民航部门的电脑售票系统的建设取得了很大进展，广大旅游者都能体会到铁路、民航部门售票效率的明显提高。在互联网上，一些部门也初步开展了一些网上的查询和预订业务。但是，要不断满足交通运输的需求、配套开展旅游业务，就必须实现真正意义的在线购票，提供电子票据服务。再如，国内各大酒店尽管大多已经实施电脑化管理，但如果想依托互联网更有效率地开展旅游业务,就必须提供在线实时查询、预订客房服务。

从我国旅行社行业发展的角度来说,国内的旅行社大多数规模较小,以中小型企业为主。客流量相对弱小、信息沟通不畅、内部管理机制的随意性等各种因素都使它们对于互联网等相关手段的需求并不旺盛,面对激烈竞争,各自为战是这些旅行社的基本生存状态。从发展趋势看,提高管理效率,加强规范性,形成规模效益,是旅游业发展的必然要求。散客市场的趋于旺盛,也要求旅行社找到解决目前散客与组团矛盾的高效途径。

(四)旅游电子商务网站建设与客户的需求存在较大差距

在旅游电子商务大发展的今天,很多企业想抓住机会,这就导致国内旅游市场开通了数以千计的各类旅游网站,但除了极少数网站在信息容量、业务功能、交互性与及时性等方面具备比较高的水平外,绝大多数的旅游网站还没有发挥实际的作用。大部分旅游网站在设计风格、网络报价、网络预订处理、网络客源分析、网络客户接待、客户资料保存整理、网上支付等方面还有大量的工作要做,必须将以往"大而全"的经营模式向专业细分方向转变,通过互联网把增值服务和商务平台有机集成,充分发挥互联网在信息服务方面的优势,使旅游电子商务真正进入"以旅游者需求为中心"的实用阶段。同时,网站还应针对我国旅游业的不同客源提供不同版本的网上资料,如英文版、日文版、法文版等,以积极吸纳全球的访问者。

(五)旅游者需要转变旅游消费观念

虽然近年来从市场角度来看,旅游电子商务获得了空前发展,"网络旅游"也成为热门名词,但是我国很大一部分旅游者仍然没有转变传统的旅游消费观念。很多旅游网站开通后访问者寥寥无几,没有取得预期的效益。究其原因,一方面与网站提供的信息不足、更新不及时有关;另一方面也反映出网络旅游的消费观念还有待进一步培育。可以说,旅游电子商务时代真正到来的首要条件是旅游消费观念的根本转变。目前,参与网络自助旅游的人多为空闲时间较少、收入和知识水平较高的群体,他们对旅游服务有较高的要求,开展旅游电子商务的旅游企业只有提供适合他们需求的全方位、多层次的服务,为旅游者在食、住、行、游、购、娱各个方面带来真正的实惠与方便,才能使旅游电子商务得到健康的发展。

(六)旅游电子商务经营模式雷同问题明显

目前,国内旅游企业开展的旅游电子商务业务主要集中在机票、酒店和旅行团的预订等三大项,存在非常明显的经营模式雷同问题,这样一方面加剧了网上旅游业务的竞争,另一方面也让旅游者感到旅游电子商务没有特色,实际参与价值不大。这种情况说明旅游企业在实施电子商务业务的过程中,应当注意到客户的需求和自身经营业务的特点,开发出有特色、有价值的应用项目,尽量避免与竞争者的业务雷同。

三、促进我国旅游电子商务发展的措施

(一)发展旅游电子商务的基础保障

1. 以技术手段提供旅游电子商务发展保障

发展旅游电子商务,必须拓展适应国情的、强大的高技术手段。无论是收客、组团、结算,还是内部协调和联络,目前,国内的旅游企业还处于手工和半手工操作的状态,效率不高,如果要达到规范管理和规模经营的目的,就必须拓展技术手段。就国内旅游业而言,一个突出困难就是旅游企业业务面和涉及面广、运作模式复杂多样,各地旅行社又有各自的特色,电子管理和网络运营所需要的软件必须适应旅游行业的这种独特运作模式和实际需求。从长远看,也必须规范中国旅游业软件的标准。随着旅游产业的全球化,出境游、入境游等一系列涉外业务也随之开展,旅游电子商务网站应适时推出多语言版本,以吸引更多的境外施客

和境内出境游客,并为之提供理想的交易平台。此外,还应开发一整套标准化和系列化的、适应各种不同规格的旅游软件,为旅游行业降低成本、提高效率、提供保障。

2. 以市场培育提供旅游电子商务发展保障

发展旅游电子商务,必须注重旅游市场的精心培育和服务。国内计算机与网络应用在不同企业间发展不平衡,旅游行业的中小企业较多,完善旅游相关行业的沟通联络、为众多中小企业提供服务,必能极大地开拓旅游市场,这样,建设在线旅游交易平台就成为大势所趋。

3. 以产业资源提供旅游电子商务发展保障

发展旅游电子商务,必须有强大的产业资源基础。目前,在国内旅行社行业中占市场主导地位的是国旅、中旅和青旅,对这些所谓的传统产业资源的充分运用,无疑将对旅游电子商务的发展提供了强大的现实后盾。

(二)发展旅游电子商务的策略

1. 旅游企业应切实提高电子商务发展与应用的能力与水平

我国的旅游企业应加强应用旅游电子商务的主动性,一方面,积极地将产品和服务更多、更好地推向互联网;另一方面,大胆探索和总结旅游电子商务发展的有效途径,特别是增加网络服务项目、完善电子商务功能,如为客户提供旅游咨询服务、网上信息搜寻服务、建立三维网络虚拟景点等,使旅游电子商务的形式更加灵活、内容更加丰富、功能更加实用。同时,应注意将服务项目进一步细化和深化,依据客户个性定制旅游路线,推荐旅游景点等;或者根据客户的时间安排,向客户推荐最佳旅游路线,提高旅游客户的满意度和忠诚度;此外,还应充分利用现代网络技术、数据库技术等进行客户关系管理,开发客户需求,逐步实现"一对一"的个性化和专业化服务。

2. 鼓励旅游企业之间的联合与兼并

必须按照"大旅游、大产业、大发展"的战略,以资源为依托,以集团化、产业化为切入点,培育我国旅游业新的经济增长点。旅游业的发展,会直接或间接带动众多产业的发展,而且还可以就此衍生一些新的产业,开拓新的需求领域,形成新的产业热点。目前,我国旅游企业与国外一些大的旅游企业相比,规模普遍较小,竞争力都很弱。近几年来,虽然我国旅游企业进行了一些联合,但仍然没有形成一定规模,在旅游企业规模普遍较小的情况下,电子商务在降低成本、提高效率、提升竞争力等方面的优势难以尽显。所以鼓励旅游企业之间的联合与兼并,一方面有利于旅游企业的迅速发展壮大,另一方面也有利于旅游电子商务的更好发展。

3. 政府必须为发展旅游电子商务创造良好的环境

要推进旅游产业的现代化和国际化,实现旅游业的信息化必须先行。而旅游电子商务是旅游信息化的基本组成部分。各级政府部门应高度重视旅游电子商务的发展,明确政府有关管理部门的职责,加强协调,共同研究制定我国发展旅游电子商务的战略、目标、规划和实施措施,保持有关政策、法规、标准的一致性和连续性。积极研究制定与旅游电子商务有关的政策、法律、法规以及相应的标准规范,尽力营造有利于旅游电子商务发展的环境,促进旅游电子商务的健康、有序发展。

第二章　旅游电子商务的技术支持

电子商务的发展已经影响到各行各业,旅游业也不例外。大量的旅游企业已经意识到旅游产品与电子商务相结合,可以极大地增强企业的核心竞争力。有效开展旅游电子商务,除应具有可靠的旅游电子商务模式设计外,关键是要选对技术工具加以实现,才能达到事半功倍的效果。

第一节　网络数据库技术

一、网络数据库结构

网络数据库的结构也属于 B/S(Browser/Server)结构的一种,即基于三层的浏览器/服务器模式。一个典型的网络数据库应用系统,有一个 Web 浏览器作为用户界面、一个数据库服务器作为信息存储和采集的平台和一个连接两者的 Web 服务器(该服务器运行网络应用服务程序)。网络数据库应用架构如图 2-1 所示。

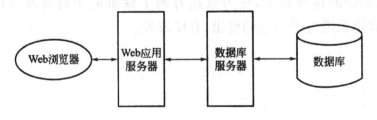

图 2-1　网络数据库应用架构

目前,商品化的数据库管理系统以关系型数据库为主导产品,技术比较成熟。面向对象的数据库管理系统虽然技术先进,数据库易于开发、维护,但尚未有成熟的产品。国际国内的主导关系型数据库管理系统有 Oracle、Sybase、INFORMIX 和 IN-GRES。这些产品都支持多平台,如 UNIX、VMS、Windows,但支持的程度不一样。IBM 的 DB2 也是成熟的关系型数据库,但是 DB2 是内嵌于 IBM 的 AS/400 系列机中,只支持 OS/400 操作系统。

（一）MySQL

MySQL 是最受欢迎的开源 SQL 数据库管理系统,它由 MySQL AB 开发、发布和支持。MySQL AB 是一家基于 MySQL 开发人员的商业公司,也是一家使用了一种成功的商业模式来结合开源价值和方法论的第二代开源公司。MySQL 是 MySQL AB 的注册商标。

MySQL 是一个快速的、多线程、多用户和健壮的 SQL 数据库服务器。MySQL 服务器支持关键任务、重负载生产系统的使用,也可以将它嵌入到一个大配置(mass－deployed)的软件中去。

与其他数据库管理系统相比,MySQL 具有以下优势:

(1)MySQL 是一个关系数据库管理系统;

(2)MySQL 是开源的;

(3)MySQL 服务器是一个快速的、可靠的和易于使用的数据库服务器;

(4)MySQL 服务器工作在客户/服务器或嵌入系统中;

(5)有大量的 MySQL 软件可以使用。

（二）SQL Server

SQL Server 是由微软开发的数据库管理系统,是 Web 上最流行的用于存储数据的数据库,它已广泛应用于电子商务、银行、保险、电力等与数据库有关的行业。

目前最新版本是 SQL Server 2005,它只能在 Windows 上运行,操作系统的系统稳定性对数据库十分重要。并行实施和共存模型并不成熟,很难处理日益增多的用户数和数据卷,伸缩性有限。

SQL Server 提供了众多的 Web 和电子商务功能,如对 XML 和 Internet 标准的丰富支持,通过 Web 对数据进行轻松安全的访问,具有强大的、灵活的、基于 Web 的和安全的应用程序管理等。而且,由于其易操作性及其友好的操作界面,深受广大用户的喜爱。

（三）Oracle

Oracle(甲骨文)成立于 1977 年,最初是一家专门开发数据库的公司。Oracle 在数据库领域一直处于领先地位。1984 年,首先将关系数据库转到了桌面计算机上。然后,Oracle5 率先推出了分布式数据库、客户/服务器结构等崭新的概念。Oracle6 首创锁定模式以及对称多处理计算机的支持。最新的 Oracle8 主要增加了对象技术,成为关系—对象数据库系统。目前,Oracle 产品覆盖了大、中、小型机等几十种机型,Oracle 数据库成为世界上使用最广泛的关系数据系统之一。

Oracle 数据库产品具有以下优良特性:

(1)兼容性,Oracle 产品采用标准 SQL,并经过美国国家标准技术所(NIST)测试,与 IBMSQL/DS、DB2、INGRES、IDMS/R 等兼容。

(2)可移植性,Oracle 的产品可运行于很宽范围的硬件与操作系统平台上;可以安装在 70 种以上不同的大、中、小型机上;可在 VMS、DOS、UNIX、Windows 等多种操作系统下工作。

(3)可联结性,Oracle 能与多种通信网络相连,支持各种协议(TCP/IP、DECnet、LU6.2 等)。

(4)高生产率,Oracle 产品提供了多种开发工具,能极大地方便用户进行进一步的开发。

(5)开放性,Oracle 良好的兼容性、可移植性、可连接性和高生产率使 Oracle RDBMS 具有良好的开放性。

（四）Sybase

1984 年，Mark B. Hiffman 和 Robert Epstern 创建了 Sybase 公司，并在 1987 年推出了 Sybase 数据库产品。Sybase 主要有三种版本：

（1）UNIX 操作系统下运行的版本；

（2）Novell Netware 环境下运行的版本；

（3）Windows NT 环境下运行的版本。对 UNIX 操作系统，目前应用最广泛的是 SYBASE 10 及 SYABSE 11 for SCO UNIX。

Sybase 数据库的特点：

（1）它是基于客户/服务器体系结构的数据库；

（2）它是真正开放的数据库；

（3）它是一种高性能的数据库。

（五）DB2

DB2 是内嵌于 IBM 的 AS/400 系统上的数据库管理系统，直接由硬件支持。它支持标准的 SQL 语言，具有与异种数据库相连的 GATEWAY；因此它具有速度快、可靠性好的优点。但是，只有硬件平台选择了 IBM 的 AS/400，才能选择使用 DB2 数据库管理系统。DB2 能在所有主流平台上运行（包括 Windows），最适于海量数据。

二、网络数据库的特点

网络数据库是重要的电子资源，与印刷型文献及光盘、磁盘等电子出版物相比，网络版数据库有着独特的优势。

（一）数据量大、增长迅速、更新速度快

在国外，数据库生产已形成规模，走向产业化和商业化，这就使得网络数据库的整体发展呈现出以下两个特点：一是数据库规模大、数据量多,增长迅速;二是数据更新速度快、周期短。

(二)数据的存储

网络数据库采用字表多维处理、变长存储以及面向对象等技术,使数据库应用转变为全面基于以互联网为基础的应用。这些技术方便了不同类型的数据存储,同时满足实时响应的要求。

(三)数据类型

网络数据库采用字表多维处理方式,支持结构化数据和非结构化的多媒体数据类型,使用户业务处理中的各种类型数据可以存储在同一个数据库中,使执行业务处理的时间缩短。

(四)支持新的编程技术

网络数据库支持新的编程技术,如 ActiveX、XML 等,将网络技术和数据库技术结合在一起,加快了对网络数据库的操作。同时,还支持能够快速开发复杂的事务处理系统应用程序,大大简化了系统开发和管理的难度。

三、数据库系统的选择

数据库系统的选择和应用直接体现旅游电子商务系统数据存储的效率和服务质量,因此,应根据旅游电子商务网站的规模、功能、应用环境、资金等因素,为网站选择合适的数据库系统。网络数据库所选择的数据库系统主要以关系型数据库为主,关系型数据库是目前功能完善、运行可靠的数据库系统,目前大多数商业应用都依赖此类系统。现在比较流行的关系型数据库是 IBM 公司的 DB2 系列、Sybase 公司的 Adaptive Server 系列、微软公司的 SQL Server 系列和 Oracle 公司的 Oracle Server 系列。选择数据库时,应考虑以下原则。

（一）易用性

旅游电子商务系统因其具有跨行业的特点,需要对多个行业部门的数据进行调用,并进行处理,按照用户需求进行信息的重新组织和显示,所以需要考虑多个行业部门信息数据库之间简单高效的对接,方便数据的传输,遵循统一的数据传输标准,即考虑数据库的易用性。易用性是指数据库管理系统的管理语法应符合通用的 SQL 标准,要便于系统的维护、开发和移植;要有面向用户的简易开发工具;要有计算机辅助软件工程工具(CASE)来帮助开发者根据软件工程的方法,提供各开发阶段的维护、编码,便于复杂软件的开发和维护;要有非过程语言的设计方法,用户不需要编写复杂的过程性代码,易学、易用、易维护;还要有对多媒体数据类型的支持。

（二）分布性

旅游电子商务系统需要多方参与并交互才能完成旅游活动,其中涉及多种旅游信息的交换。这些旅游信息是旅游资源、旅游活动和旅游经济现象等客观事物的反映,包括旅游目的地、旅游企业信息、旅游产品信息、旅游者信息、旅游供求信息五大类。这些信息在物理位置上通常是分散存储的,选择数据库存储这些数据时,应考虑数据库对于分布性数据处理的能力。分布性是指数据库管理系统应对分布式应用进行支持,因为大多数电子商务系统都属于多用户参与的分布式应用系统,包括数据透明和网络透明。数据透明指用户在应用中不需要指出数据在网络什么节点上,数据库管理系统可以自动搜索网络,提取数据;网络透明指用户在应用中无须指出网络所使用的协议,管理系统将自动转换数据包以适应通信协议。

（三）并发性

对于分布式应用,数据库管理系统面临多任务分布环境,可能存在多个用户在同一时刻对同一数据进行读或者写的操作,为了保证数据的一致性,需要由数据库管理系统并发控制来完成以上的同时操作。能够控制的并发数越多,数据库的性能越高。例如电子客票系统,对于同一航班的座位数是固定的,每成功完成一张电子机票的预订,剩余座位数会减少 1 个,但同时会有很多客户订购机票,客户数量可能在某一时间点上会超过座位数,因此对于客户的请求,数据库系统应能公平处理这类数据业务。

(四)数据完整性

旅游电子商务系统需要多种不同行业部门的数据库作为支撑,同时旅游信息的种类多种多样,用户会在不同的时间登录网站进行业务的处理,不同的业务需要调用的数据库不一样,对数据库的读写操作也不相同。保证用户业务过程中所涉及的数据库中的数据一致性,是数据库完整性的要求。数据完整性指对数据的正确性和一致性的保护,包括实体完整性、参照完整性、复杂的事务规则等。

(五)可移植性

旅游电子商务系统是一个动态的系统,不是一次性或在短时间内就能建成的,随着旅游业务的发展,可能会超过最初系统设计的容量和性能,这就需要对原有系统进行扩展,关键是需要对数据库进行升级,软件升级必然带来硬件性能的升级。将原来的旧数据库系统移植到新的数据库系统中,即数据库的可移植性。可移植性是指垂直扩展和水平扩展的能力。垂直扩展要求新数据库系统能够支持低版本的数据库,数据库客户机服务器支持集中式管理模式,保证用户以前的投资和系统可用;水平扩展要求满足数据库硬件上的扩展,支持从单 CPU 模式转换成多 CPU 并行模式等。

(六)安全性

在旅游电子商务系统中,需要对五大类旅游信息进行处理,而这些信息的安全性关系到业务能否被处理成功以及旅游企业经营风险和旅游者消费风险的大小。如何能够以最小的成本控制住各参与方数据处理过程中的风险,是数据库安全性的要求。安全性指数据安全保密的程度,包括账户管理、用户权限管理、网络安全控制、数据约束等。

（七）容错性

数据库系统包括硬件和软件两部分,旅游电子商务系统在运行过程中,不可避免地会出现硬件或软件方面的故障。硬件故障主要依靠硬件的冗余来降低故障率,软件故障主要考虑数据的恢复能力。选择数据库系统时,应考虑这两个方面的容错性。容错性是指在异常情况下系统对数据的容错处理能力。

四、网络数据库备份

网络数据库因需要全天候地提供用户实时的数据访问,可能会出现系统故障,同时有可能遭到网络黑客的攻击,其中存放的电子商务信息可能涉及企业的商业机密,所以需要对数据库中存放的各类旅游业务信息进行定期的备份,以便在出现故障和攻击后能够快速恢复受损数据,保证电子商务系统能够可靠持续地提供服务,从而提高电子商务系统的可靠性和安全性。数据备份方式主要有完全备份、事务日志备份、差异备份和文件备份。

（一）完全备份

这是常用的方式,它可以备份整个数据库,包含用户表、系统表、索引、视图和存储过程等所有数据库对象。但是需要花费更多的时间和空间,所以,一般一周做一次完全备份即可。

（二）事务日志备份

事务日志是一个单独的文件,它记录数据库的改变,备份的时候只需要复制自上一次备份以来对数据库所做的改变,所以只需要很短的时间。为了使数据库具有可靠性,推荐每小时甚至更短时间进行事务日志备份。

（三）差异备份

差异备份也称增量备份,它是只备份数据库的一部分的一种方法,它不使用事务日志。相反,它使用整个数据库的一种新映像。它比最初的完全备份小,因为它只包含自上一次完全备份以来所改变的数据库。它的优点是存储和恢复速度快,推荐每天做一次差异备份。

（四）文件备份

数据库可以由硬盘上的许多文件构成。如果这个数据库非常大,并且一天也不能将它备份完,那么可以使用文件备份每天备份数据库的一部分。由于一般情况下数据库不会大到必须使用多个文件存储,所以这种备份不是很常用。

第二节 移动互联网技术

一、移动互联网的概念

（一）移动互联网的定义

移动互联网是互联网与移动通信各自独立发展后互相融合的新兴市场,目前呈现出互联网产品移动化强于移动产品互联网化的趋势。从技术层面的定义,移动互联网是以宽带 IP 为技术核心,可以同时提供语音、数据和多媒体业务的开放式基础电信网络;从终端的定义,用户使用手机、上网本、笔记本电脑、平板电脑、智能本等移动终端,通过移动网络获取移动通信网络服务和互联网服务。

移动互联网的核心是互联网,因此一般认为移动互联网是桌面互联网的补充和延伸,应用和内容仍是移动互联网的根本。

（二）移动互联网的特点

虽然移动互联网与桌面互联网共享着互联网的核心理念和价值观,但移动互联网有实时性、隐私性、便携性、准确性、可定位的特点,日益丰富智能的移动装置是移动互联网的重要特征之一。

从客户需求来看,移动互联网以运动场景为主,碎片时间、随时随地,业务应用相对短小精悍。

移动互联网的特点可以概括为以下几点。

（1）终端移动性。移动互联网业务使得用户可以在移动状态下接入和使用互联网服务,移动的终端便于用户随身携带和随时使用。

（2）业务使用的私密性。在使用移动互联网业务时,所使用的内容和服务更私密,如手机支付业务等。

（3）终端和网络的局限性。移动互联网业务在便携的同时,也受到了来自网络能力和终端能力的限制:在网络能力方面,受到无线网络传输环境、技术能力等因素限制;在终端能力方面,受到终端大小、处理能力、电池容量等的限制。无线资源的稀缺性决定了移动互联网必须遵循按流量计费的商业模式。

（4）业务与终端、网络的强关联性。由于移动互联网业务受到了网络及终端能力的限制,因此,其业务内容和形式也需要适合特定的网络技术规格和终端类型。

二、移动互联网的重要技术

（一）移动定位技术

当移动终端接入一个无线通信网络时,终端需要和网络中的接入节点（基站）建立通信连接,通过对点对点之间无线电波的一些参数（如信号强度、信号到达角度、信号到达时间等）进行测量,就可以计算出移动终端与这些基站之间的相对位置关系。由于网络中基站的地理位置一般是固定且可以获知的,通过一定的算法就可以对移动终端的位置进行求解或估算,这就是移动定位技术的基本原理。在实际应用中,根据应用环境不同、定位精度需求不同,可选择使用不同的移动定位技术,而与之对应的则是不同的接入网络和终端通信能力。

1. 卫星定位技术

以美国的 GPS(Global Positioning System,全球定位系统)为代表的卫星定位是我们最熟悉的定位技术,其利用地面终端与轨道卫星之间的通信进行无线定位。GPS 定位技术最早源于军事用途,经过多年的发展,由于其定位精度高、覆盖范围广的优点,其应用范围得到了广泛推广,在人类日常工作与生活中发挥出巨大的作用。

2. 蜂窝定位技术

蜂窝定位技术基于移动通信网络中的蜂窝小区(Cell)。每个小区都有自己特定的小区标识号(Cell—ID),当进入某小区时,用户手机要在当前小区进行注册,系统的数据中就会有相应的标识记录。系统根据采集到的手机所处小区的标识号来确定手机用户的位置。这种定位技术无须对现有网络和手机做较大的改动,实现非常简单。

另外,蜂窝定位可以仅仅在网络侧完成,对于旅游景区来说,利用该技术可以实现对景区内客流量的实时动态统计,以便更好地制定客流量诱导策略。

3. 基站定位技术

基站定位技术用于可以接入电信运营商所架设的移动通信网络的终端设备,如手机、具备通信模块的平板电脑和车载终端等。移动终端通过测量附近基站的下行导频信号,得到不同基站下行导频的 TOA(Time of Arrival,到达时刻)或 TDOA(Time Difference of Arrival,到达时间差),根据该测量结果并结合基站的地理位置坐标计算出移动终端所在的位置。一般来说,位置估计算法需要考虑多基站(3 个或 3 个以上)定位的情况,测量的基站数目越多,测量精度越高,定位性能改善越明显。

4. WiFi 定位技术

WiFi 定位技术的原理与基站定位相似,只不过终端接收的信号是来自周边的 WiFi 接入点。每个无线 AP(Access Point,接入点)都有一个全球唯一的 MAC(Media Access Control)地址,并且一般来说无线 AP 在一段时间内是不会移动的。设备在开启 WiFi 的情况下即可扫描并收集周围的 AP 信号,无论是否加密、是否已连接,甚至信号强度不足以显示在无线信号列表中,都可以获取到 AP 广播出来的 MAC 地址。设备将这些能够标识 AP 的数据发送到位置服务器,服务器检索出每个 AP 的地理位置,并结合每个信号的强弱程度计算出设备的地理位置并返回用户设备。位置服务商要不断更新、补充自己的数据库以保证数据的准确性,毕竟无线 AP 不像基站塔那样 100% 不会移动。

基于卫星、蜂窝小区、移动基站和 WiFi 接入点的定位是目前市场上主流智能移动终端和位置服务应用所支持的四种移动定位技术。其中,基站定位具有定位速度快、耗电量低、不受室内室外影响、在城市等活动密集区域定位精度较高(几十米到几百米)等特点,而 WiFi 定位则作为基站定位的有效补充,可以在一定程度上提高定位精度(尤其是当用户身处写字楼等室内环境时),并为 itouch、iPad、笔记本电脑等不具备通信功能的移动终端设备提供尚可接受的粗定位能力。从应用角度,这两种定位技术已经可以满足用户使用周边搜索类应用时对定位精度的基本需求,是用户使用频率最高的定位方式。GPS 定位精度最高(10 米以内),能够满足专业和精确定位需求,并且提供全天候、全球覆盖的定位服务。目前大多数智能手机和智能终端类产品都已内置了

GPS 接收模块,但 GPS 定位必须首先"寻星"(寻找用于定位的 4 颗 GPS 卫星的信号),该过程往往需要较长的时间(一般在几分钟到十几分钟不等);其持续定位导航耗费的电量也比较高,会大大缩短手机的待机时间;在室内环境下,物理遮挡等因素还会造成寻星定位失败。现代智能手机一般采用改进的 A－GPS(辅助 GPS)技术来应对以上问题。利用 A－GPS 进行定位时,GPS 参考网络将辅助的定位信息通过无线通信网络传送给移动终端,可有效减小搜索时间,使定位时间降至几秒钟,而且辅助的定位信息也为在信号严重衰落的市区或室内环境下应用 GPS 定位技术提供了可能。另外,由于在两次定位间歇期间 GPS 接收机可处于休眠状态,还可以有效降低手机能耗。但总体来说,在日常移动定位应用中,人们仅需要对所在公路、街道、兴趣点进行精确定位的导航类应用,只在地处位置偏僻、电信网络难以覆盖的野外定位中才选择开启 GPS 定位功能。

(二)增强现实技术

增强现实技术,即 AR(Augmented Reality),可以算是虚拟现实技术(Virtual Reality)的一种扩展。其区别在于,虚拟现实是创造出一个全新的虚拟世界,而增强现实则更加强调"虚实结合"。北卡罗来纳州立大学的 Ronald Azuma 于 1997 年将增强现实定义为利用虚拟信息对真实环境予以增强以提高人们对环境的感知和交互能力,并提出 AR 技术需要具备以下三个关键要素。

(1)虚实融合。AR 系统把虚拟的图像和文字信息与现实生活景物无缝地结合在一起,它既允许用户看到真实世界,也能看到叠加在真实世界上的虚拟对象。

(2)实时交互。AR 系统可以根据用户所处的真实环境以及用户的实时交互动作动态地计算并生成所需要投射出的虚拟对象。

(3)三维定向。AR 系统实时跟踪用户在真实场景中的位置及姿态,并根据这些信息计算出虚拟物体在摄像机中的坐标,实现虚拟物体画面与真实场景画面精准匹配。

对于现阶段的智能手机来说,AR 应用就是根据当前位置(移动定位)、视野朝向(指南针)及终端朝向(方向传感器/陀螺仪),在摄像头捕获的现实场景中投射出与画面中实物相关的虚拟画面并在屏幕上进行叠加展示。其运作原理可以以图 2-2 的图示简单来说明。

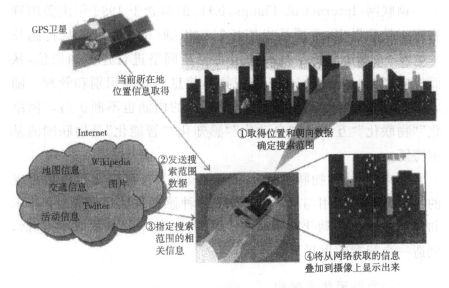

图 2-2 移动终端上增强现实技术实现的典型过程

典型的移动增强现实应用如伦敦博物馆推出的"街道博物馆"(Museum of London:Streetmuseum)。该应用可以提供一种如同"时光机器"般的游览体验,当游客漫步于伦敦城市街道上时,只要把手机摄像头对准当前所在的位置,应用就会帮游客匹配当前位置并在手机屏幕上显示出该街道几十年前的样子。

第三节　大数据新技术的发展

一、物联网

物联网技术应用于旅游电子商务可加快旅游信息化,实现旅游的智能化,极大地方便旅游者的出行。随着物联网关键技术的不断发展和产业链的不断成熟,物联网的应用呈现出多样化、泛存化和智能化的趋势,未来的物联网将促进旅游电子商务更加蓬勃地发展。

（一）物联网技术的概念

物联网(Internet of Things,IOT)的概念于 1999 年由美国麻省理工学院提出,主要是指依托射频识别(RFID)等信息传感技术与设备,将任何物品按照约定协议与网络进行连接和通信,从而构成"物物相连的网络",实现物品信息的智能识别和管理。随着信息技术和应用的不断发展,物联网的内涵也不断扩展,"网络化""物联化""互联化""自动化""感知化""智能化"是物联网的基本特征。

从本质上看,物联网是现代信息技术发展到一定阶段后出现的一种聚合性应用与技术提升,将各种感知技术、现代网络技术和人工智能与自动化技术聚合与集成应用,使人与物智慧对话,创造一个智慧的世界。

（二）物联网体系架构

物联网应该具备三个特征:

(1)全面感知,即利用 RFID、传感器、二维码等随时随地获取物体的信息;

(2)可靠传递,通过各种电信网络与互联网的融合,将物体的信息实时准确地传递出去;

(3)智能处理,利用云计算、模糊识别等各种智能计算技术,对海量数据和信息进行分析和处理,对物体实施智能化的控制。

在业界,物联网大致被公认为有三个层次,底层是用来感知数据的感知层,中间层是数据传输的网络层,最上层则是内容应用层,如图 2-3 所示。

1. 感知层

感知层包括传感器等数据采集设备以及数据接入网关之前的传感器网络。

对于目前关注和应用较多的 RFID 网络来说，张贴安装在设备上的 RFID 标签和用来识别 RFID 信息的扫描仪、感应器属于物联网的感知层。在这类物联网中被检测的信息是 RFID 标签内容，高速公路不停车收费系统、超市仓储管理系统等都是基于这一类结构的物联网。

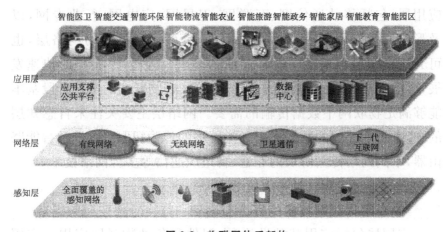

图 2-3　物联网体系架构

用于战场环境信息收集的智能微尘（Smart Dust）网络，感知层由智能传感节点和接入网关组成，智能节点感知信息（温度、湿度、图像等），并自行组网传递到上层网关接入点，由网关将收集到的感应信息通过网络层提交到后台处理。环境监控、污染监控等应用是基于这类结构的物联网。

感知层是物联网发展和应用的基础，RFID 技术、传感和控制技术、短距离无线通信技术是感知层涉及的主要技术。感知层也可细分为数据采集子层、短距离通信技术和协同信息处理子层。数据采集子层通过各种类型的传感器获取物理世界中发生的物理事件和数据信息，如各种物理量、标识、音视频多媒体数据。物联网的数据采集涉及传感器、RFID、多媒体信息采集、二维码和实时定位等技术。短距离通信技术和协同信息处理子层将采集到的数据在局部范围内进行协同处理,以提高信息的精度,降低信息冗余度,并通过具有自组织能力的短距离传感网接入广域承载网络。感知层中间件技术旨在解决感知层数据与多种应用平台间的兼容性问题,包括代码管理、服务管理、状态管理、设备管理、时间同步、定位等。

2. 网络层

网络层将来自感知层的各类信息通过基础承载网络传输到应用层,包括移动通信网、互联网、卫星网、广电网、行业专网,以及形成的融合网络等。根据应用需求,可作为透传的网络层,也可升级以满足未来不同内容传输的要求。经过 10 余年的快速发展,移动通信、互联网等技术已比较成熟,在物联网的早期阶段基本能够满足物联网中数据传输的需要。网络层主要关注来自感知层的、经过初步处理的数据经由各类网络的传输问题。这涉及智能路由器,不同网络传输协议的互通、自组织通信等多种网络技术。

3. 应用层

应用层包括应用基础设施/中间件和各种物联网应用。应用基础设施/中间件为物联网应用提供信息处理、计算等通用基础服务设施、能力及资源调用接口,以此为基础实现物联网在众多领域的各种应用。物联网应用层利用经过分析处理的感知数据,为用户提供丰富的特定服务。物联网的应用可分为监控型(物流监控、污染监控),查询型(智能检索、远程抄表),控制型(智能交通、智能家居、路灯控制),扫描型(手机钱包、高速公路不停车收费)等。应用层是物联网发展的目的,软件开发、智能控制技术将会为用户提供丰富多彩的物联网应用。

(三)物联网关键技术

物联网的产业链可细分为标识、感知、信息传送和数据处理等四个环节,其中的核心技术主要包括射频识别技术、传感技术、网络与通信技术和数据的挖掘与融合技术等。

1. 射频识别技术(RFID)

(1)RFID 的概念。射频识别技术(RFID)是一种无接触的自动识别技术,利用射频信号及其空间耦合传输特性,实现对静态或移动待识别物体的自动识别,用于对采集点的信息进行"标准化"标识。鉴于 RFID 技术可实现无接触的自动识别,全天候、识别穿透能力强、无接触磨损,可同时实现对多个物品的自动识别等诸多特点,将这一技术应用到物联网领域,使其与互联网、通信技术相结合,可实现全球范围内物品的跟踪与信息的共享,在物联网"识别"信息和近程通信的层面中,起着至关重要的作用;另一方面,产品电子代码(EPC)采用 RFID 电子标签技术作为载体,大大推动了物联网的发展和应用。

(2)RFID 的基本组成部分。第一,标签(Tag):由耦合元件及芯片组成,每个标签具有唯一的电子编码,附着在物体上标识目标对象;第二,阅读器(Reader):读取(有时还可以写入)标签信息的设备,可设计为手持式或固定式;第三,天线(Antenna):在标签和读取器间传递射频信号。

(3)RFID 的工作原理。RFID 的基本工作原理为:标签进入磁场后,接收解读器发出的射频信号,凭借感应电流所获得的能量发送出存储在芯片中的产品信息(Passive Tag,无源标签或被动标签),或者由标签主动发送某一频率的信号(Active Tag,有源标签或主动标签),解读器读取信息并解码后,送至中央信息系统进行有关数据处理。

一套完整的 RFID 系统,是由阅读器与电子标签也就是所谓的应答器(Transponder)及应用软件系统三部分组成的,其工作原理是阅读器发射一特定频率的无线电波能量给应答器,用以驱动应答器电路将内部的数据送出,此时阅读器便依序接收解读数据,送给应用程序做相应的处理。

阅读器根据使用的结构和技术不同可以是读或读/写装置，是 RFID 系统信息控制和处理的中心。阅读器通常由耦合模块、收发模块、控制模块和接口单元组成。阅读器和应答器之间一般采用半双工通信方式进行信息交换，同时阅读器通过耦合给无源应答器提供能量和时序。在实际应用中，可进一步通过 Ethernet 或 WLAN 等实现对物体识别信息的采集、处理及远程传送等管理功能。应答器是 RFID 系统的信息载体，目前应答器大多是由耦合原件(线圈、微带天线等)和微芯片组成的无源单元。

2. 传感技术

无线传感网(WSN)是集分布式信息采集、传输和处理技术于一体的网络信息系统，其以低成本、微型化、低功耗和灵活的组网方式、铺设方式以及适合移动目标等特点受到广泛重视。物联网正是通过遍布在各个角落和物体上形形色色的传感器以及由它们组成的无线传感网络，来感知整个物质世界的。目前，面向物联网的传感网，主要涉及以下几项技术。

(1)测试及网络化测控技术。包括综合传感器技术、嵌入式计算机技术、分布式信息处理技术等，协作地实时监测、感知和采集各种环境或监测对象的信息，并对其进行处理、传输。只有依靠先进的分布式测试技术与测量算法，才能满足日益提高的测试和测量需求。

(2)智能化传感网节点技术。所谓传感网节点是指一个微型化的嵌入式系统。在感知物质世界及其变化的过程中，需要检测的对象很多，譬如温度、压力、湿度、应变等，因此需要微型化、低功耗的传感网节点来构成无线传感网的基础层支持平台。这不但需要采用 MEMS 加工技术，设计符合物联网要求的微型传感器，使之可识别和配接多种敏感元件，并适用于主、被动各种检测方法；另外，传感网节点还应具有强抗干扰能力，以适应恶劣工作环境的需求。

(3)传感网组织结构及底层协议。网络体系结构是网络的协议分层以及网络协议的集合,是对网络及其部件所应完成功能的定义和描述。对传感网而言,其网络体系结构不同于传统的计算机网络和通信网络。对于物联网的体系结构,已经有多种参考模型。就传感网体系结构而言,也可以由分层的网络通信协议、传感网管理以及应用支撑技术等三部分组成。其中,分层的网络通信协议结构类似于 TCP/IP 协议体系结构;传感网管理技术主要是对传感器节点自身的管理以及用户对传感网的管理;分层协议和网络管理技术是传感网应用支撑技术的基础。

(4)对传感网自身的检测与自组织。传感网是整个物联网的底层和信息来源,网络自身的完整性、完好性和效率等性能至关重要,因此,需要对传感网的运行状态及信号传输通畅性进行良好监测,才能实现对网络的有效控制。在实际应用中,传感网中存在大量传感器节点,密度较高,当某一传感网节点发生故障时,网络拓扑结构有可能会发生变化,因此,设计传感网时应考虑传感网的自组织能力、自动配置能力及可扩展能力。

(5)传感网安全。传感网除了具有一般无线网络所面临的信息泄露、信息篡改、重放攻击、拒绝服务等多种威胁之外,还面临传感网节点容易被攻击者物理操纵以获取存储在传感网节点中的信息从而控制部分网络的安全威胁。因此,需要通过其他的网络安全技术来提高传感网的安全性能。例如,在通信前进行节点与节点的身份认证;设计新的密钥协商算法,使得即使有一小部分节点被恶意控制,攻击者也不能或很难从获取的节点信息推导出其他节点的密钥信息;对传输信息加密解决窃听问题;保证网络中的传感信息只有可信实体才可以访问;采用一些跳频和扩频技术以减轻网络堵塞等问题。

3. 网络与通信技术

根据目前物联网所涵盖的概念,其工作范围可以分成两大部分:一部分是体积小、能量低、存储容量小、运算能力弱的智能小物体的互联,即传感网;另一部分是没有上述约束的智能终端的互联,如智能家电、视频监控等。对于智能小物体网络层的网络通信技术目前有两项:一是基于 ZigBee 联盟开发的 ZigBee 协议进行传感器节点或者其他智能物体的互联;二是 IPSO 联盟所倡导的通过 IP 实现传感网节点或者其他智能物体的互联。

(1)ZigBee 技术。ZigBee 技术是基于底层 IEEE 802.15.4 标准,用于短距离范围、低传输数据速率的各种电子设备之间的无线通信技术,它定义了网络/安全层和应用层。ZigBee 技术经过多年的发展,技术体系已相对成熟,并已形成了一定的产业规模。在标准方面,已发布 ZigBee 技术的第 3 个版本 V1.2;对于芯片,已能够规模生产基于 IEEE 802.15.4 的网络射频芯片和新一代的 ZigBee 射频芯片(将单片机和射频芯片整合在一起);在应用方面,ZigBee 技术已广泛应用于工业、精确农业、家庭和楼宇自动化、医学、消费和家用自动化、道路指示/安全行路等众多领域。

(2)与 IPv6 相关联的技术。若将物联网建立在数据分组交换技术的基础上,则将采用数据分组网即 IP 网作为承载网。IPv6 作为下一代 IP 网络协议,具有丰富的地址资源,能够支持动态路由机制,可以满足物联网对网络通信在地址、网络自组织以及扩展性方面的要求。但是,由于 IPv6 协议栈过于庞大复杂,不能直接应用到传感器设备中,需要对 IPv6 协议栈和路由机制做相应的精简,才能满足低功耗、低存储容量和低传送速率的要求。

4. 数据的挖掘与融合技术

物联网是由大量传感网节点构成的,在信息感知的过程中,采用各个节点单独传输数据到会聚节点的方法是不可行的。因为网络存在大量冗余信息,会浪费大量的通信带宽和宝贵的能量资源。此外,还会降低信息的收集效率,影响信息采集的及时性,所以需要采用数据融合与智能技术进行处理。

(1)分布式数据融合。所谓数据融合是指将多种数据或信息进行处理,组合出高效且符合用户需求的数据的过程。在传感网应用中,多数情况只关心监测结果,并不需要收集大量原始数据,数据融合是处理该类问题的有效手段。例如,借助数据稀疏性理论在图像处理中的应用,可将其引入传感网用于数据压缩,以改善数据融合效果。

分布式数据融合技术需要人工智能理论的支撑,包括智能信息获取的形式化方法、海量信息处理的理论和方法、网络环境下信息的开发与利用方法,以及计算机基础理论。同时,还需掌握智能信号处理技术,如信息特征识别和数据融合、物理信号处理与识别等。

(2)海量信息智能分析与控制。海量信息智能分析与控制是指依托先进的软件工程技术,对物联网的各种信息进行海量存储与快速处理,并将处理结果实时反馈给物联网的各种"控制"部件。智能技术是为了有效地达到某种预期的目的,利用知识分析后所采用的各种方法和手段。通过在物体中植入智能系统,可以使得物体具备一定的智能性,能够主动或被动地实现与用户的沟通,这也是物联网的关键技术之一。智能分析与控制技术主要包括人工智能理论、先进的人—机交互技术、智能控制技术与系统等。物联网的实质是赋予物体智能,以实现人与物体的交互对话,甚至实现物体与物体之间的交互或对话。为了实现这样的智能性,如控制智能服务机器人完成既定任务(包括运动轨迹控制、准确的定位及目标跟踪等),需要智能化的控制技术与系统。

二、云计算

(一)云计算的概念

1. 云计算的定义

云计算是一种基于互联网的、共同参与的计算模式,其计算资源(计算能力、存储能力、网络能力)是动态、可伸缩且被虚拟化的,并以可计量的"服务"的方式提供给最终用户。

2. 云计算的范畴

云计算最初是从 IT 基础设施资源的分布式集中共享与按需

弹性使用演化而来的,后来逐步延伸到 IT 平台和应用软件及服务的提供。因此从概念上讲,可以用"狭义云计算"和"广义云计算"予以区别。

(1)狭义云计算。狭义云计算是指 IT 基础设施的交付和使用模式,指通过网络以按需、易扩展的方式获得所需的资源(硬件、平台、软件)。提供资源的网络被称为"云"。"云"中的资源在使用者看来是可以无限扩展的,并且可以随时获取,按需使用,随时扩展,按使用付费。这种特性经常被称为像水电一样使用 IT 基础设施。

(2)广义云计算。广义云计算是在 IT 基础设施"云"化的基础上,将平台、应用软件和服务的交付和使用模式进行延伸,指通过网络以按需、易扩展的方式获得所需的服务。这种服务可以是 IT 和软件、互联网相关的,也可以是任意其他的服务。目前学界和大部分 IT 厂商所指的云计算均是广义云计算。

3. 云计算的特征

(1)资源虚拟化。资源虚拟化也可以说成资源"池"化,云平台在物理上硬件和软件资源可以以分布式的共享方式部署,但最终在逻辑上通过多租户模式服务于多个用户,并以单一整体的形式呈现给每个最终用户。

(2)资源快速弹性。云平台的计算能力能够快速且弹性地实现供应,根据服务的负荷,增减相应的 IT 资源(包括计算、存储、网络和软件资源),使得 IT 资源的规模得以动态伸缩,适配用户与业务量的快速变化。

(3)用户按需自助使用。用户可以根据自身实际的使用需求,通过网络方便地完成各种 IT 资源的申请、配置和发布,同时云平台能够及时进行资源的回收和再分配。

(4)广泛的网络访问。用户不需要再部署复杂的软硬件基础设施和应用软件,直接通过互联网或企业专网访问即可获得云中的各种 IT 资源和服务。

(5)可度量的服务。云平台可根据资源或服务的类型提供相应的计量方式,并以用户实际的使用量(如资源使用量或服务使用时长)进行服务收费。

(二)云计算的优势

从前述对云计算的概念表述可以看出,从其技术发展上看,其本质仍属于虚拟化技术、分布式计算技术的演进,并没有突破性的技术革新。但云计算确实引入了一系列具有相同核心特征的全新商业模式集合,使得云计算在 IT 资源与软件服务交付模式上有了变革。云计算技术归纳起来有以下几个主要优势。

1. 海量运算能力

云计算平台具有相当的规模,如 Google 云计算已经拥有上百万台服务器,Amazon、IBM、微软、Yahoo 等"云"均拥有几十万台服务器。企业私有云一般也拥有数百上千台服务器。能赋予云端用户前所未有的计算、存储和数据分析能力。

2. 资源对用户"透明"

云计算平台的软硬件资源可分布式地部署在任意地理位置,但通过广泛存在的网络,可支持用户在任意位置、使用各种终端获取云中的服务,而无须知道更不必维护提供服务的实体物理资源。

3. 高可靠性

云计算技术使用了数据多副本容错、资源节点同构可互换等多种安全措施来保障其提供服务的高可靠性,比使用传统的服务模式更加安全可靠。

4. 高资源利用率

云计算不针对特定的应用,同一个云计算平台的资源通过虚拟化技术,可以按需虚拟化为各种类型的软件运行平台,同时支撑不同的应用软件运行,云平台资源的这种通用性使得其资源利用率比传统数据中心大幅提升。

5. 可伸缩性

由于整体构建于大型分布式系统架构之上,云计算平台的基础设施资源支持线性扩容,而且无须复杂的系统配置和数据迁移,因此其计算和存储能力可以动态伸缩,满足应用和用户规模增长的各种需要。

6. 按需服务

云平台的 IT 基础设施资源可以理解为一个庞大的 IT 资源池,而且这些资源与服务完全可以量化并以按需计费的方式提供,即可以像水、电、煤气那样按量计费,非常方便用户根据自身需求按需购买。

7. 快速自助服务

云计算平台的各种服务可通过互联网或企业专网的方式发布给用户,用户可通过自助式管理的方式,快速实现按需资源或服务的获取。如果用户的资源或服务使用需求发生变化,仍可自主进行按需扩展。

8. 价格相对低廉

云平台的特殊容错措施,使其可以采用极其廉价的计算和存储节点来构成云计算平台,而且"云"的自动化集中式管理使云平台用户无须负担日益高昂的数据中心管理成本,因此相对于传统的 IT 基础设施提供模式,极具价格优势。

(三)云计算技术架构

目前业界对于云计算的技术架构并无统一标准,通过对

Google、微软、Amazon 等主流的云计算服务提供商的研究和归纳，目前阶段的云计算平台技术架构如图 2-4 所示。

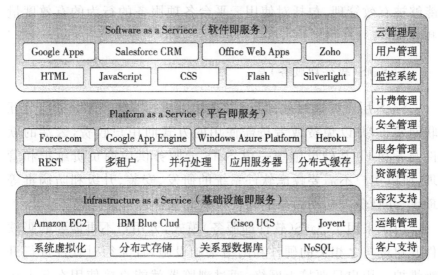

图 2-4　云计算平台技术架构

云计算平台架构整体上可分为云服务和云管理两大部分。

在云服务方面，主要以提供用户基于云的各种服务为主，共包含以下三个层次。

（1）Software as a Service（软件即服务），简称 SaaS，这层的作用是将应用主要以基于 Web 的方式提供给客户；

（2）Platform as a Service（平台即服务），简称 PaaS，这层的作用是将一个应用的开发和部署平台作为服务提供给用户；

（3）Infrastructure as a Service（基础设施即服务），简称 IaaS，这层的作用是将各种底层的计算（如虚拟机）和存储等资源作为服务提供给用户。

从用户角度而言，这三层服务是独立的，因为它们提供的服务是完全不同的，而且面对的用户也不尽相同。但从技术角度而言，云服务这三层是有一定依赖关系的。例如，一个 SaaS 层的产品和服务不仅需要用到 SaaS 层本身的技术，还依赖 PaaS 层所提供的开发和部署平台或者直接部署于 IaaS 层所提供的计算资源上，而 PaaS 层的产品和服务也很有可能构建于 IaaS 层服务之上。

在云管理方面,主要以云平台的自身管理和用户服务管理为主,它的功能是确保整个云计算平台能够安全、稳定地运行,并且能够被有效管理,包括对使用云平台各项服务的行为的有效度量和计费。

1. SaaS(软件即服务)层

SaaS 层主要通过软件及服务租用的模式,软件即服务通过互联网发布,并以免费或者按需使用的方式向用户收费,云端的软件服务和 IT 基础设施统一由 SaaS 云服务供应商负责维护和管理,所以用户不需要顾虑软件系统的研发、安装、升级和防病毒等琐事,并且免去初期高昂的硬件投入和软件许可证费用等支出。

由于采用了 SaaS(软件即服务)模式,云用户不再需要购买软件并建设与之相关的硬件和网络基础设施,且无须对软件进行升级维护。用户只要接上网络,通过浏览器就能直接使用在云上运行的应用。

SaaS 层服务主要包括以下几个模块:

(1)SaaS 门户。面向第三方 SaaS 软件提供商,实现对其接入 SaaS 平台软件服务的基本管理;面向云平台用户,通过 SaaS 平台自助服务门户,完成软件及服务订购和使用平台提供的各项 SaaS 软件功能。

(2)SaaS 平台与云管理平台的整合功能。面向第三方软件提供商,实现其请求接入软件与云管理平台的计费和平台整合接口;同时,实现对接入的 SaaS 软件服务进行统一运行管理与监控功能。

(3)基础 SaaS 软件服务。SaaS 平台需提供如企业邮件系统、企业门户、办公 OA、视频会议、协同通信等基础软件服务,为云平台用户提供融合、高效的协同工作平台。

(4)SaaS 服务管理。服务目录管理、服务发布管理、服务订购管理、服务计费与结算管理等 SaaS 平台基础管理功能。

2. PaaS(平台即服务)层

PaaS 层为用户提供一个应用开发平台,这个平台包括应用开发 SDK(Software Development Kit,软件开发工具包)、文档、测试环境和部署环境等服务,可以非常方便地编写和部署应用,而且不论在部署还是在运行的时候,用户都无须为服务器、操作系统、网络和存储等资源的运维操心。PaaS 在整合率上非常惊人,比如一台运行 GoogleAppEngine 的服务器能够支撑成千上万个应用,也就是说,PaaS 是非常经济的。PaaS 主要面对的用户是开发人员。

由于 PaaS 层为用户提供了丰富的开发、测试、运行基础平台服务,能够帮助企业和个人在快速而经济的 PaaS 服务平台上部署基于互联网、具备并行扩展能力的软件系统。

PaaS 层服务可在 IaaS 层平台的基础上,集成各类业界主流的软件设计、开发、测试和运行环境,同时提供丰富的基础第三方 API 接口库支持,实现用户自助申请开发运行环境服务、定制开发环境配置的全程支持。

PaaS 层服务主要包括以下几个模块:

(1)软件过程管理服务。利用云计算平台提供或由第三方提供的软件开发过程协作管理环境,实现软件开发的工作项管理、配置管理、团队构建与协作等过程管理能力。

(2)开发测试平台服务。利用云计算平台提供或由第三方提供的软件开发测试环境,用户可以自由地选择硬件、软件、操作系统以及中间件,并组合成用户定制化的集成环境。

(3)系统运行平台服务。利用云计算平台提供或由第三方提供的软件运行发布环境,用户可以自由地选择硬件、软件、操作系统以及中间件,并组合成用户定制化的系统运行环境。

(4)PaaS 服务管理。PaaS 服务定制化管理、服务计费管理、账单管理、PaaS 服务资源管理等 PaaS 平台基础管理功能。

3. IaaS(基础设施即服务)层

IaaS 层将为云平台的企业或个人用户提供远程访问计算资源、存储资源、虚拟机资源、网络资源等虚拟化技术提供的相关功能,用户通过互联网就可快速而经济地从云平台订购并获得存储、网络、服务器等基础设施资源。

IaaS 这种服务提供模式,使用户可以从云平台供应商那里获得他所需要的计算或者存储等资源来承载相关应用,并只需为其所租用的那部分资源付费,而像服务器和网络的日常运行维护、安全管理等烦琐的设备管理工作则交由 IaaS 云供应商来负责。

IaaS 服务的实现主要通过在底层服务器、存储和网络设备上安装虚拟化软件实现,并通过部署基础设施虚拟化资源管理平台软件,实现对底层各类物理设备和虚拟化技术进行统一的自动化管理和监控。

IaaS 层服务主要包括以下几个模块:

(1)虚拟机资源服务。将云平台底层的物理服务器资源,包括 CPU、内存等资源通过虚拟化管理平台进行逻辑划分,并按照用户配置要求提供给最终用户,虚拟机用户可随时根据需要调整自身的虚拟机资源配置需求。

(2)存储资源服务。实现为虚拟服务器提供数据存储空间,虚拟化资源管理平台首先在资源存储池划分逻辑存储空间分区,然后将逻辑存储分区映射至用户的虚拟服务器,虚拟存储用户可随时根据需要调整存储空间大小和虚拟服务器的映射关系。

(3)Web 存储服务。即网盘类 SaaS 应用,云平台管理软件根据用户实际存储资源使用量计算使用费用并与客户进行结算,Web 存储服务在底层使用 IaaS 提供的存储服务,在上层可通过 SaaS 网盘类应用实现极速发布与服务提供。

(4)监控服务。由资源虚拟化管理平台实时对用户的各种虚拟机服务、存储服务的使用情况进行监控,如虚拟机的 CPU、内存、I/O 和网络流量等使用数据,通过可定制化的统计报表展现给用户,并提供数据分析和预警报警等功能。

(5)IaaS 服务管理。IaaS 服务定制化管理、服务计费管理、账单管理、IaaS 服务资源池管理等 IaaS 平台基础管理功能。

4. 云管理层

虽然和前面云服务的三层相比,熟悉云管理层的人非常少,但是它确实是云最核心的部分。与传统的数据中心相比,云计算平台最大的优势在于云管理的优越性。云管理层也是前面三层云服务的基础,并为这三层提供多种管理和维护等方面的功能和技术。如图 2-5 所示,云管理层共有九个模块,而且这九个模块可分为三层,它们分别是用户层、机制层和检测层。

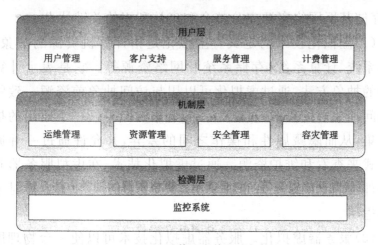

图 2-5 云计算平台管理层架构

(1)用户层。用户层主要面向使用云的用户,并通过多种功能来更好地为用户服务,共包括四个模块:用户管理、客户支持、服务管理和计费管理。

(2)机制层。机制层主要提供各种管理云的机制。通过这些机制,能让云计算中心内部的管理更自动化、更安全和更环保。该层也包括四个模块:运维管理、资源管理、安全管理和容灾管理。

(3)检测层。检测层主要负责监控整个云计算平台运行的方方面面,并采集相关数据,以供用户层和机制层使用。全面监控云计算的运行主要涉及三个层面：第一，物理资源层面，主要监控物理资源的运行状况，如 CPU 使用率、内存利用率和网络带宽利用率等；第二，虚拟资源层面，主要监控虚拟机的 CPU 使用率和内存利用率等；第三，应用层面，主要记录应用每次请求的响应时间和吞吐量，以判断它们是否满足预先设定的 SLA（Service Level Agreement，服务级别协议）。

（四）云计算关键技术

1. 虚拟化技术

虚拟化技术是云计算的核心技术组件之一，是指将各种计算、存储甚至网络资源充分整合和高效利用的关键技术。

（1）虚拟化技术的定义。虚拟化是指计算机资源的抽象，如操作系统、计算系统、存储系统和网络资源等。它是表示计算机资源的抽象方法，通过虚拟化可以用与访问抽象前资源一致的方法访问抽象后的资源，可以为一组类似资源提供一个通用的抽象接口集，从而隐藏属性和操作之间的差异，并允许通过一种通用的方式来查看和维护资源。通过虚拟化技术，在虚拟服务器和底层硬件资源之间建立一个抽象层，使设备的差异和兼容性对上层应用透明。

（2）服务器虚拟化。服务器虚拟化技术可以使一台物理服务器虚拟成若干台服务器使用，可实现在同一台物理服务器上运行多个独立的操作系统，如图 2-6 所示。服务器虚拟化实现了操作系统与物理计算机的分离，从操作系统内部的应用程序看来，与使用直接安装在物理计算机上的操作系统没有明显差异，是被广泛接受和认识的一种虚拟化技术。服务器虚拟化是对 CPU、内存、设备与 I/O 三种硬件资源的虚拟化，同时服务器虚拟化技术大多支持虚拟服务器实时迁移，实现更好的资源整合。典型的技术代表是 Vmware、Xen/Citrix。服务器虚拟化是 IaaS 的技术基础。

（3）存储虚拟化。存储虚拟化就是把多个存储介质模块（如硬盘、RAID、SAN)通过一定的手段集中管理起来,所有的存储模块在一个全局存储池中得到统一管理。这种可以将异构、分散存储设备统一管理起来,为使用者提供大容量、高数据传输性能的存储系统,就称为存储虚拟化。

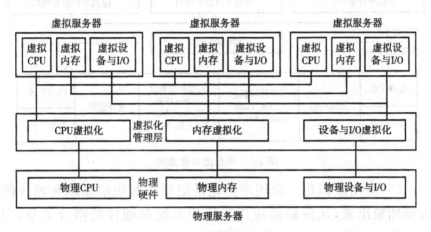

图 2-6 服务器虚拟化技术

存储虚拟化是将实际的物理存储实体与存储的逻辑表示分离开来,应用服务器只与分配给它们的逻辑卷(或称虚卷)打交道,而不用关心其数据是在哪个物理存储实体上。逻辑卷与物理实体之间的映射关系,是由安装在应用服务器上的卷管理软件(称为主机级的虚拟化),或存储子系统的控制器(称为存储子系统级的虚拟化),或加入存储网络 SAN 的专用装置(称为网络级的虚拟化)来照管的。

(4)平台虚拟化。平台虚拟化是集成各种开发资源虚拟出的一个面向开发测试人员的统一接口,软件开发人员可以方便地在这个虚拟平台中开发各种应用并嵌入云计算系统中,使其成为新的云服务供用户使用,如图 2-7 所示。虚拟平台提供开发环境、服务器平台、硬件资源等服务给用户,用户可以在服务提供商的基础架构基础上开发程序并通过互联网和其服务器传给其他用户。PaaS 能够提供企业或个人定制研发的中间件平台,提供应用软件开发、数据库、应用服务器、试验、托管及应用服务,为个人用户或企业的团队服务。

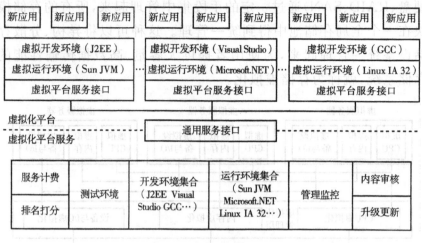

图 2-7　平台虚拟化技术

（5）应用虚拟化。应用虚拟化是把应用对底层系统和硬件的依赖抽象出来，从而解除应用与操作系统和硬件的耦合关系，为应用程序提供一个虚拟的运行环境。这个应用虚拟环境为应用程序屏蔽了底层可能与其他应用产生冲突的内容，简化了应用程序的部署和升级。应用虚拟化技术是软件即服务（Software as a Service，SaaS）的技术基础。

2. 分布式计算技术

云计算的成功很大程度上得益于其强大的数据存储和计算能力，而分布式计算技术正是实现云计算这种能力的核心支撑技术，通过分布式的服务器部署架构和基于多台计算机的并行计算机制，云计算平台可以实现海量数据存储和数据分析。

Google 公司的云计算服务已经呈规模化向全球用户开放，其分布式计算技术利用上百万台廉价服务器协同工作，并提供高性能服务，该公司利用 GFS 和 Bigtable 技术使其基本摆脱了昂贵的人力运维，并节省了硬件资源；而 MapReduce 技术的引入使其可以很快看到各种搜索策略运行的效果。这些典型的分布式技术已成为云计算领域的重要标准。而 Hadoop 技术是一种开源的 Google 简化实现。在 Hadoop 中可以看到许多 Google 系统架构核心要素 GFS、MapReduce、BigTable、Sawzall、Chubby 的身影，如 HDFS、Hbase、Pig、ZooKeeper 等。

三、人工智能

（一）人工智能的概念

在 1956 年达特茅斯（Dartmouth）会议上，John McCarthy 首次提出了人工智能（artificial intelligence）这一术语，并定义人工智能为"创造具有智慧的机器的科学和工程"。半个多世纪以来，众多研究者不断发展、完善人工智能理论、技术和应用。随着人类科技水平的迅猛发展以及计算机等技术的重大突破，人工智能领域也随之不断演进、扩展。

不同学者对人工智能这个概念有着不同的诠释。具体来说，人工智能内涵可以分为四部分：像人一样思考的系统；具有理智思维的系统；像人一样行动的系统；具有理智行为的系统。

人工智能是一门包含广泛的学科，综合来讲，人工智能是研究理解和模拟人类智能、智能行为及其规律的一门学科。人工智能涵盖由机器、系统实现的与人类智能有关的各种行为及思维活动，如判断、推理、证明、识别、感知、理解、通信、设计、思考、规划、学习和问题求解等。人工智能技术涵盖人工智能基本概论、问题状态与搜索、知识表示、机器人学等核心内容，还包括机器学习、数据挖掘、智能体、自然语言处理、语音处理、知识库系统、神经网络、遗传算法等领域。

（二）人工智能技术

1. 智能感知和学习

（1）机器学习。机器学习是人工智能研究领域的一个主要分支，是机器获得知识的基本手段，也是使机器具有智能的根本途径，因此机器学习是人工智能的核心技术。这一领域包括设计和开发学习算法使得计算机能够从传感器数据或者数据库等先验数据中获得进化。学习是一个有特定目的的知识获取过程,其内部表现为新知识结构的不断建立和修改,而外部表现为性能的改善。一个学习过程本质上是学习系统把导师(或专家)提供的信息转换成能被系统理解并应用的形式的过程。学习方法通常包括:归纳学习、类比学习、分析学习、连接学习和遗传学习。

(2)模式识别。模式识别是对表征事物或现象的各种形式的(数值的、文字的和逻辑关系的)信息进行处理和分析,以对事物或现象进行描述、辨认、分类和解释的过程。

模式识别研究主要集中在两个方面,即研究生物体是如何感知对象的,以及在给定的任务下,如何用计算机来实现模式识别的理论和方法。模式识别的方法有感知机制、统计决策方法、基于基元关系的句法识别方法和人工神经元网络方法。一个计算机模式识别系统基本上由三部分组成,即数据采集、数据处理和分类决策或模型匹配。

任何一种模式识别方法都要先通过各种传感器把被研究对象的各种物理变量转换为计算机可以接受的数值或符号集合。为了从这些数值或符号中抽取出对识别有效的信息,必须对这些数值或符号进行处理,其中包括消除噪声、排除不相干的信号以及与对象的性质和采用的识别方法密切相关的特征的计算以及必要的变换等。然后通过特征选择和提取或基元选择形成模式的特征空间,以后的模式分类或模型匹配就在特征空间的基础上进行。系统的输出,或者是对象所属的类型,或者是模型数据库中与对象最相似的模型的编号。

在模式识别领域,神经网络方法已经成功地应用于手写字符的识别、汽车牌照的识别、指纹识别、语音识别等方面。模式识别已经在天气预报、卫星航空图片解释、工业产品检测、字符识别、语音识别、指纹识别、医学图像分析等许多方面得到了成功的应用。

(3)自然语言处理。自然语言处理是用计算机对人类的书面和口头形式的自然语言信息进行处理加工的技术,涉及语言学、数学和计算机科学等多学科知识领域。

自然语言处理的主要任务在于建立各种自然语言处理系统,如文字自动识别系统、语音自动识别系统、语音自动合成系统、电子词典、机器翻译系统、自然语言人机接口系统、自然语言辅助教学系统、自然语言信息检索系统、自动文摘系统、自动索引系统、自动校对系统等。

自然语言处理的研究有两大主流:一是面向机器翻译的自然语言处理;二是面向人机接口的自然语言处理。

20世纪90年代,在自然语言处理中,开始把大规模真实文本的处理作为今后的战略目标,引入了语料库方法,包括统计方法、基于实例的方法以及通过语料加工使语料库转变为语言知识库的方法等。

判断计算机系统是否真正"理解"了自然语言的标准有:问答、释义、文摘生成和翻译。

自然语言理解的研究大体上经历了三个时期:开始是以关键词匹配技术为主流的早期,随后是以句法—语义分析方法为主流的中期,最后是走向实用化和工程开发的近期。在这个过程中发展和完善了词法分析、句法分析、语义分析和语境分析等技术,先后提出了短语结构语法、格语法以及基于合一的语法理论,丰富和发展了计算语言学、语料库语言学和计量语言学。

目前可以将任意输入的源语言的句子作为处理对象的机器翻译系统的实现方式可分为三类:直接方式、转换方式与中间语言方式。这三种方式的共同特点是机器翻译系统必须配备庞大的规则库与词典,可以统一称为基于规则的方法。近年来,又出现了一种全新的基于实例的方法。这种方法的基础是大规模的双语对译语料库,同时需要开发最佳匹配检索技术和适当的调整机制。随着语料库语言学的发展,基于实例的机器翻译方法将显示出它的优势。机器翻译系统既可采用人助机译,又可采用机助人译。现实的系统还需要译前编辑或译后编辑。电子词典是机器翻译系统的低级形式。机器翻译系统性能及其译文质量的评价问题也是机器翻译领域的一个重要研究课题。

(4)计算机视觉。计算机视觉旨在对描述景物的一幅或多幅图像数据进行计算机处理,以实现类似于人的视觉感知的功能。

计算机视觉的基本方法是:获取灰度图像;从图像中提取边缘、周长、惯性矩等特征;从描述已知物体的特征库中选择特征匹配最好的相应结果。

感知问题的要点是形成一个精练的表示以取代难以处理的、极其庞大的、未经加工的输入数据。最终表示的性质和质量取决于感知系统的目标。不同系统有不同的目标,但所有系统都必须把来自输入的多得惊人的感知数据简化为一种易于处理的和有意义的描述。

对不同层次的描述作出假设,然后测试这些假设,这一策略为视觉问题提供了一种方法。已经建立的某些系统能够处理一幅景物的某些适当部分,以此扩展一种描述若干成分的假设。然后这些假设通过特定的场景描述检测器进行测试。这些测试结果又用来发展更好的假设等。

计算机视觉的前沿研究领域包括实时并行处理、主动式定性视觉、动态和时变视觉、三维景物的建模与识别、实时图像压缩传输和复原、多光谱和彩色图像的处理与解释等。

计算机视觉的应用范围很广,如条形码识别系统、指纹自动鉴定系统、文字识别系统、生物医学图像分析和遥感图片自动解释系统以及无损探伤系统等。计算机视觉还曾用于在海湾战争中使用过的战斧式巡航导弹的制导。该视觉系统具有近红外和可见光的传感器及数字场景面积匹配器,在距目标15千米的范围内发挥作用。机器人也是计算机视觉应用的一个重要领域,对于无人驾驶汽车的自动导航,以及在工业装配、太空、深海或危险环境(如核辐射)中代替人工作的自主式机器人,计算机三维视觉是不可缺少的一项关键技术。

2．智能推理

（1）逻辑。对推理的研究往往涉及对逻辑的研究。逻辑是人脑思维的规律，从而也是推理的理论基础。机器推理或人工智能用到的逻辑，主要包括经典逻辑中的谓词逻辑和由它经某种扩充、发展而来的各种逻辑。后者通常称为非经典或非标准逻辑。经典逻辑中的谓词逻辑，实际上是一种表达能力很强的形式语言。用这种语言不仅可供人用符号演算的方法进行推理，而且可供计算机用符号推演的方法进行推理。特别是利用一阶谓词逻辑不仅可在机器上进行像人一样的"自然演绎"推理，还可以实现不同于人的"归结反演"推理。而后一种方法是机器推理或自动推理的主要方法，是一种完全机械化的推理方法。基于一阶谓词逻辑，人们还开发了一种人工智能程序设计语言 Prolog。

非标准逻辑是泛指除经典逻辑以外的那些逻辑，如多值逻辑、多类逻辑、模糊逻辑、模态逻辑、时态逻辑、动态逻辑、非单调逻辑。各种非标准逻辑是为弥补经典逻辑的不足而发展起来的。例如，为了克服经典逻辑"二值性"限制，人们发展了多值逻辑及模糊逻辑。实际上，这些非标准逻辑都是由对经典逻辑作某种扩充和发展而来的。在非标准逻辑中，又可分为两种情况，一种是对经典逻辑的语义进行扩充而产生的，如多值逻辑、模糊逻辑等。这些逻辑也可看作与经典逻辑平行的逻辑。因为它们使用的语言与经典逻辑基本相同，区别在于经典逻辑中的一些定理在这种非标准逻辑中不再成立，而且增加了一些新的概念和定理。另一种是对经典逻辑的语构进行扩充而得到的，如模态逻辑、时态逻辑等。这些逻辑一般都承认经典逻辑的定理，但在两个方面进行了补充：一是扩充了经典逻辑的语言，二是补充了经典逻辑的定理。例如，模态逻辑增加了两个新算子 L（必然的）和 M（可能的），从而扩大了经典逻辑的词汇表。

（2）搜索。所谓搜索，就是为了达到某一"目标"，而连续地进行推理的过程。搜索技术就是对推理进行引导和控制的技术。

智能活动的过程可看作或抽象为一个"问题求解"过程。而所谓"问题求解"过程，实质上就是在显式的或隐式的问题空间中进行搜索的过程。即在某一状态图，或者一般地说，在某种逻辑网络上进行搜索的过程。例如，难题求解（如旅行商问题）是明显的搜索过程，而定理证明实际上也是搜索过程，是在定理集合（或空间）上搜索的过程。

搜索技术也是一种规划技术。因为对于有些问题，其解就是由搜索而得到的"路径"。在人工智能研究的初期，"启发式"搜索算法一度是人工智能的核心课题。传统的搜索技术都是基于符号推演方式进行的。近年来，人们又将神经网络技术用于问题求解，开辟了问题求解与搜索技术研究的新途径。例如，用Hopfield网解决31个城市的旅行商问题，已取得了很好的效果。

（3）专家系统。专家系统是一个基于专门的领域知识来求解特定问题的计算机程序系统。专家系统主要用来模仿人类专家的思维活动，通过推理与判断来求解问题。

一个专家系统主要由以下两部分组成：一是称为知识库的知识集合，包括要处理问题的领域知识；二是称为推理机的程序模块，包含一般问题求解过程所用的推理方法与控制策略的知识。

推理是指从已有事实推出新事实（或结论）的过程。人类专家能够高效率求解复杂问题，除了因为他们拥有大量的专门知识外，还体现在他们选择知识和运用知识的能力方面。知识的运用方式称为推理方法，知识的选择过程称为控制策略。

专家系统的实现一般是采用专家系统开发工具来进行的。在美国，绝大多数专家系统使用外壳这类开发工具来实现，也可使用程序设计语言来实现。LISP语言是一种表处理语言，是许多专家系统编程语言的基础。在欧洲和日本常用逻辑编程来实现专家系统，广泛使用的语言是基于一级谓词演算的Prolog语言。

专家系统的运行与维护都需要一个良好的支持环境，这个支持环境不但要包括易学、易用的人机界面，还要有能方便地排除知识表示中语法错误、语义错误的知识库编辑工具。

近几年来,在专家系统广泛应用于各领域的基础上,诞生了分布式专家系统和与其他信息系统相结合的新型综合的专家系统或智能信息系统。

知识库类似于数据库,知识库技术包括知识的组织、管理、维护、优化等技术。对知识库的操作要靠知识库管理系统的支持。知识库与知识表示密切相关。知识表示是指知识在计算机中的表示方法和表示形式,涉及知识的逻辑结构和物理结构。知识表示实际也隐含着知识的运用,知识表示和知识库是知识运用的基础,也与知识的获取密切相关。

知识表示与知识库的研究内容包括知识的分类、知识的一般表示模式、不确定性知识的表示、知识分布表示、知识库的模型、知识库与数据库的关系、知识库管理系统等。

3. 智能行动

(1)数据挖掘。随着互联网的发展,信息不断丰富,数据库规模不断扩大,因此人们对数据库的使用有了更高的要求,单纯的数据查询检索已经不能满足实际需求。人们需要利用电脑自动分析数据,更充分地利用大规模数据,并获得数据中的有用信息。由于专家系统的复杂性及随机性,知识获取制约了专家系统的应用,而数据库中大量数据则提供了具有统计意义的规律及知识,如何高效地自动获得这些信息成为知识发现、机器学习领域的一个研究热点。

基于数据库的知识发现(Knowledge Discovery in Database,KDD)由数据准备、数据挖掘、结果表达、解释和决策这几个阶段组成。数据挖掘是知识发现的核心环节,是统计分析方法学的延伸和扩展,是一种通过分析数据自动从大量数据中寻找其规律并抽取知识的技术,如图 2-8 所示。数据挖掘的目的是发现、探测数据中隐含的趋势及模式,可以分为数据准备、规律寻找和规律表示等三个步骤。

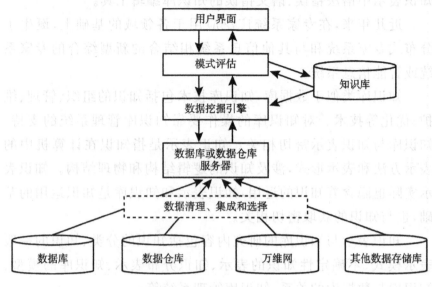

图 2-8 典型数据挖掘系统结构图

数据挖掘的本质是知识学习,学习是一个复杂的过程,可以分为四层:第一,事实(对真实事物的一个简单客观的描述);第二,概念(一组具有共同特征的物体、符号或事件的组合);第三,过程(为了实现某一目标而需进行的一步一步的行为);第四,原理(是其他事实的通用事实或者规则,是更高层次的知识学习)。

计算机可以比较好地对第二层知识进行学习,通过树、规则、网络和数学公式可以挖掘数据的共同结构,从大量的数据中提炼、抽象后用最基本的概念描述复杂的数据,输出数据所具有的共性,从而揭示出蕴含在数据后的内在联系和本质规律。概念比数据更确切、更直接、更易于理解。通过对概念进行组合,以表示所认知的事件,即知识。

数据挖掘的任务有关联分析、聚类分析、分类分析、估计分析、特异群组分析和预测分析等。数据挖掘主要学习方法有统计分析、机器学习、专家系统、粗糙集等,如图 2-9 所示。

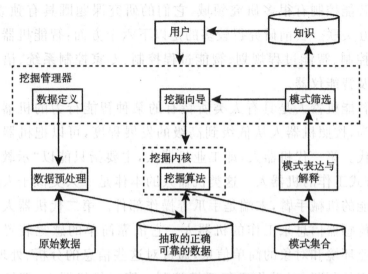

图 2-9 数据挖掘系统原型

（2）智能控制。智能控制是驱动智能机器自主地实现其目标的过程。许多复杂的系统难以建立有效的数学模型和用常规控制理论进行定量计算与分析，而必须采用定量数学解析法与基于知识的定性方法的混合控制方式。随着人工智能和计算机技术的发展，已有可能把自动控制和人工智能以及系统科学的某些分支结合起来，建立一种适用于复杂系统的控制理论和技术。

智能控制是同时具有以知识表示的非数学广义世界模型和数学公式模型表示的混合控制过程，也往往是含有复杂性、不完全性、模糊性或不确定性以及不存在已知算法的非数学过程，并以知识进行推理，以启发来引导求解过程。因此，在研究和设计智能控制系统时，不把注意力放在数学公式的表达、计算和处理方面，而是放在对任务和世界模型的描述、符号和环境的识别以及知识库和推理机的设计开发上，即放在智能机模型上。智能控制的核心在高层控制，即组织级控制。其任务在于对实际环境或过程进行组织，即决策和规划，以实现广义问题的求解。已经提出的用以构造智能控制系统的理论和技术有分级递阶控制理论、分级控制器设计的熵方法、智能逐级增高而精度逐级降低原理、专家控制系统、学习控制系统和神经控制系统等。

　　智能控制有很多研究领域,它们的研究课题既具有独立性,又相互关联。目前研究得较多的是以下六个方面:智能机器人规划与控制、智能过程规划、智能过程控制、专家控制系统、语音控制以及智能仪器。

　　智能机器人是具有人类所特有的某种智能行为的机器。一般认为,按照机器人从低级到高级的发展程度,可以把机器人分为三代。第一代机器人,即工业机器人,主要指只能以"示教—再现"方式工作的机器人。这类机器人的本体是一只类似于人的上肢功能的机械手臂,末端是手爪等操作部件。第二代机器人是指基于传感器信息来工作的机器人。它依靠简单的感觉装置来获取作业环境和对象的简单信息,通过对这些信息的分析、处理,作出一定的判断,对动作进行反馈控制。第三代机器人,即智能机器人,这是一类具有高度适应性的有一定自主能力的机器人。它本身能感知工作环境、操作对象及其状态;能接受、理解人给出的指令;并结合自身认识外界的结果来独立地决定工作规划,利用操作机构和移动机构来实现任务目标;还能适应环境的变化,调整自身行为。

　　区别于第一代、第二代机器人,智能机器人必须具备以下四种机能:行动机能——施加于外部环境和对象的,相当于人的手、足的动作机能;感知机能——获取外部环境和对象的状态信息以便进行自我行为监视的机能;思维机能——求解问题的认知、推理、记忆、判断、决策、学习等机能;人机交互机能——理解指示命令、输出内部状态、与人进行信息交换的机能。简言之,智能机器人的"智能"特征就在于它具有与外部世界——环境、对象和人相协调的工作机能。

　　智能机器人的研究目前正从三个方面深入:一是依靠人工智能基于领域知识的成熟技术,发展面向专门任务的特种机器人;二是在研制各种新型传感器的同时,发展基于多传感器集成的大量信息获取和实时处理技术;三是改变排除人的参与、机器人完全自主的观念,发展人机一体化的智能系统。

　　智能机器人的研究和应用体现出广泛的学科交叉,涉及众多的课题,如机器人体系结构、机构、控制、智能、视觉、触觉、力觉、听觉、机器人装配、恶劣环境下的机器人以及机器人语言等。机器人已在各种工业、农业、商业、旅游业、空中和海洋以及国防等领域获得越来越普遍的应用。

第三章　旅游电子商务网站建设与产品营销

　　时代的变迁将社会带入一个全新的信息化网络时代,而且抽象的信息已经通过数据的形式进行获取与传递,人们想要的信息基本都集中在数据库当中,使人们的出游更加方便快捷,出行方式、出行地点有更多的选择。旅游企业在数据时代背景的推动下,其营销方式也在不断地发生变化。旅游企业是基于信息开展服务业务的产业,而整个行业的进步与改革均是在信息的动态变化中进行调整的,特别是行业运作过程中需要融入数字技术,从而保证管理科学性,运行高效性,这对于企业整体的进步也会具有显著的效果。特别是信息化网络的普及,会调整公众社会认知以及生活方式,从而带动移动终端向社会普及,也使得人们在旅游时的各种需求都得到更为快速便捷的解决,从而影响人们的消费习惯。旅游企业要立足于新时代,其营销观念和模式就得紧跟时代的脚步,在新的营销环境中提出适应数据时代的营销模式,这是旅游企业现在面临的一个巨大挑战。

第一节　旅游网站建设、优化与推广

　　旅游业是世界三大朝阳产业之一,是 21 世纪的主导性产业,近些年来,旅游业的飞速发展在国内外受到广泛的重视。21 世纪的今天,人们开始迈进网络经济时代,旅游信息越来越成为旅游行业重要的战略资源,将旅游业与信息、网络高度融合是旅游业新的发展趋势。近 20 年来,旅游电子商务在全球范围内获得了迅猛的发展,旅游电子商务网站也成为旅游业信息化的主导力量和主要形式。

　　网站是旅游企业开展旅游产品营销的重要工具,是旅游企业与用户以及旅游企业彼此之间进行沟通联络的窗口。旅游营销网站由一系列的网页、数据库与编程技术融合而成。网站又称为企业的电子名片,是旅游企业体现自身形象,实施精品战略的重要平台。通常情况下,企业网站的设计与管理是一项复杂的系统工程,网站也是企业对内部业务流程进行科学整合,对内部信息资源与外部信息资源进行有效集成的信息处理环境,通过企业网站,能够使旅游企业更加有效地开展经营与管理活动。

一、旅游网站的建设

(一)旅游网站的设计原则

　　旅游企业在进行营销网站开发设计前,必须进行网站的整体规划,在网站的整体设计中,必须重视和遵循以下三个设计原则。

1. 网站内容的动静结合原则

　　旅游产品的信息是否详实将直接影响到游客对旅游产品的选择,因此,在进行营销网站设计时,必须站在顾客的角度提供准确详实的旅游产品信息。例如,营销网站数据库的数据应该覆盖旅游业的"食、住、行、游、购、娱"六大要素,所有数据应该详细地进行分类设计,方便顾客从不同角度进行搜索和浏览。

2. 旅游服务信息的综合化原则

　　在旅游企业的营销网站上,应尽可能提供翔实的"食、住、行、游、购、娱"六要素的综合化信息,企业应考虑旅游目的地景点信息、交通信息、食宿信息、娱乐信息,同时还应该提供旅途过程中的旅游常识类信息、旅游保健信息、天气信息、地图信息、车船机票信息、公路信息、民风民俗信息等,以满足不同游客的旅游需要。在网站的技术设计过程中,还应该考虑与旅游企业相关或相似的旅游目的地、旅游景区景点、旅游社会化组织的关联性网站链接。这种链接主要是从旅游者角度来考虑的，以方便游客浏览为设计目标的。

3. 即时互动的设计原则

一个规划设计良好的营销型网站，应该以方便游客浏览和查找为前提，真正体现出网络信息为旅游者服务的宗旨。网站应允许游客方便地将自己在旅途过程中的各种感受和体验发表出来，与他人进行分享。当游客遇到问题和困难时，一方面可以通过对网站进行搜索而获得帮助，另一方面也可以在网上直接提问。由网站的客服、管理员或其他游客进行在线回答，帮助解决问题。通过这种方式加强和引导游客同网站之间的亲密互动，这一点十分重要。

(二)旅游网站的结构与功能设计

在进行旅游企业营销网站设计时，首先需要确定旅游网站的基本功能结构。通常情况下，旅游营销网站主要由前台系统和后台系统两部分构成。网站的前台系统主要提供游客浏览查询服务，用于展示旅游企业的服务产品或服务信息。网站的后台系统主要完成旅游企业的商品和服务管理、旅游信息的发布和修改、注册会员管理、财务管理、报表统计处理、系统运行维护、账号安全管理等。

1. 旅游网站的前台服务功能

目前大多数旅游电子商务网站的前台服务界面提供的旅游服务主要有以下几方面内容。

(1)旅游信息汇集、传播、导航和检索。此类信息的主要内容通常包括：旅游景点、宾馆酒店、旅游交通线路等方面的介绍，各种旅游常识、旅途注意事项、旅游行为信息、货币兑换信息、旅游地理信息、旅游天气信息、旅游目的地人文环境信息、旅游感观体验等。

（2）在线预订服务。此类服务内容主要包括：酒店客房在线预订服务、机票在线预订服务、旅行社旅游线路在线预订服务等。

（3）客户服务。应提供方便游客操作使用的客户端应用程序，以方便顾客与网站的即时互动和交流。

（4）代理人服务。提供方便代理人的各项服务，如提供给酒店、旅行社、民航系统等多种旅游产品代理端的应用程序服务，使代理人可以直接与客户进行网上的实时业务洽谈、管理区旅游产品的预订记录、查阅运行账目等。

（5）提供个性化定制服务。旅游电子商务使一对一的个性化服务成为可能，在开展旅游产品营销过程中，企业可以通过与游客进行一对一的交流互动，即时了解顾客的消费需求和消费动向，回答顾客提出的各种问题，在充分获取游客所需要的个性化服务信息的基础上，结合旅游企业的服务能力及时提供个性化的服务产品。

通常，在旅游电子商务网站上，游客可以浏览并查询旅游产品信息，了解旅游产品的详细情况，如旅游线路、景点、餐饮、住宿、价格等。如果满意的话，注册后凭用户名、密码登录，填写订单并支付，即可完成该旅游产品的订购。基于以上购物流程的考虑，一个典型的 B2C 架构的旅游电子商务网站，可划分为四个基本的功能模块，即用户管理、旅游产品管理、购物管理和订单管理等。各个模块相互独立，可以独立完成自己的功能；各模块间又紧密联系，需要相互协同完成订单，如订单管理需要记录产品信息和用户信息，因而离不开用户管理、产品管理这些模块。

（1）用户管理模块。用户管理模块主要包括用户注册、登录、信息修改三个方面的功能。用户注册是站点获取用户信息的一个基本渠道，既方便对用户的管理，又可以根据这些信息为用户提供更好的服务。因此需要有一个关键信息如用户名来明确区分不同的用户，用户注册提交后就需要先检查网站数据库中是否已经存在这个用户，如果存在则返回让用户重新输入用户名，用户名经系统验证无误后，便连接到数据库，利用 SQL 语句中的

Insert 语句添加信息到数据库中。数据是以表单的形式提交的，采用 POST 方法传递数据。当表单提交按钮触发后，会对表单里的对象逐个验证是否合乎规范，如果不合逻辑将会返回重新输入，验证代码可以定义为一个过程。用户登录只需要通过数据库验证用户是否为已经注册过的用户，即输入的用户名和密码是否已经存在于数据库中并核对是否正确。对于会员个人信息的修改一般都要在用户成功登录以后才能进行，首先通过查询数据库，以表单的形式将该用户的信息显示出来，然后允许用户进行修改，修改的数据提交后，连接数据库，利用 update 语句对数据库中的数据进行更新。

(2)旅游产品管理模块。旅游产品管理模块主要是通过建立良好的旅游产品分类和搜索方式，向游客展示各种旅游产品信息，让游客能方便地以各种方式快速地浏览产品，进行选购，减少客户不必要的时间浪费。

可以从价格分类显示、热点产品显示、推荐精品显示、新产品显示和查询显示等方面向游客展示关于旅游线路、酒店、航班等信息。从数据库技术的角度来说，几乎所有形式的产品显示都是按一定的条件对数据库进行查询，并将查询的结果显示出来。其中查询显示是较为复杂的产品显示方式，允许输入多个条件进行查询，然后把符合条件的旅游产品显示出来。

(3)购物管理模块。购物管理模块实际上是旅游产品显示到订单生成购物流程的设计。购物流程可以包括很多步骤，这些步骤不是必需的，它们的存在只有一个目的，就是确保正确地生成一个完整无缺的订单。在旅游客户预订旅游产品，尤其是在结算之前，需要进行登录，登录是为了获取和记录游客的相关信息。游客在预订旅游产品时，系统将自动调用订单生成模块以产生实际的订单，订单的信息将添加到数据库中的订单信息表里，所产生的订单应包括这样一些信息：订单编号、会员编号、付款方式、付款状态、订单处理状态、下单日期、旅游产品编号、数量、单价、联系电话等。因此，实现该模块时，订单信息的获取是非常重要的,关于用户的内容可以从会员登录时保存到 session 对象中的数据得到会员编号,关于旅游产品的内容可以在游客选择产品点击"预订"时获取产品编号,关于付款的内容需要用户临时输入,设计一个表单即可获取数据。获取了必要的数据后,系统就可以根据这些数据产生订单并将该订单数据保存到订单数据表中了。

(4)订单管理模块。订单管理模块是旅游产品订单生成之后到交易完成之间的购物流程的设计。游客可以订购多个旅游产品,生成多个订单,并对自己的订单进行管理,游客可以查询所有订单,随时了解所选购的产品名称、价格,以及订单是否已付款、订单是否已被处理等相关信息。游客也可以删除部分订单,如对于未付款、未处理的订单游客可以取消,但对于已付款的订单游客无法直接从网上删除,必须和工作人员联系。一个订单的生成到一次交易的结束期间,订单至少要经历以下三个状态:未处理,正在处理,处理完成。这些状态的变化都应反映在订单之中。因此在设计订单表时,除了具备购买者、所购产品、订单号等基本字段外,还需要添加一个订单状态字段,用来保存当前订单的状态。

2. 旅游网站的后台系统功能与结构

旅游电子商务网站的后台系统主要完成对前台系统的信息管理。基于旅游电子商务网站的业务范围和前台系统的内容,后台系统将提供以下四个基本的功能模块,即产品管理、会员管理、订单管理和财务管理。

(1)产品管理模块。该模块主要用来实现系统管理员对旅游产品或服务的管理。例如,查看旅游类别或线路目录、增加旅游类别或线路、清除旅游类别或线路和修改原旅游类别或线路信息等。

(2)会员管理模块。该模块主要具体实现对注册过该网站的网站会员账户的管理,包括新增会员和权限分配,查看会员资料、更新会员资料和删除不合法会员等。

(3)订单管理模块。该模块主要是为控制订单的执行和跟踪而设置的用户接口,提供及时有效的订单查询检索。具体实现以下几方面功能:处理订单、进入下一个环节、更改订单处理情况、订单转储和查看所有订单。

(4)财务管理模块。该模块有完整的会计科目体系和灵活的会计科目自定义功能,严谨的会计审核处理系统,严格按国家财会制度进行财务核算、制单和输出报表,完成各类商业统计工作。

(5)旅游电子商务网站的数据库设计。在对旅游电子商务网站进行设计的同时,还要设计与网站相适应的数据库。数据库是长期储存在计算机内,有组织的、共享的数据集合。旅游电子商务网站往往需要处理大量的信息数据,如客户资料、旅游产品资料、订单资料等。随着网站的运营,销售记录等数据与日俱增,这些数据都需要在数据库中保存,因此数据库对旅游电子商务网站是至关重要的。

下面列举旅游电子商务网站中的部分数据库设计:

旅游电子商务系统中所涉及的几个基础实体包括客户、旅游产品、订单。同类实体构成的实体集设计为相应的表。因此,数据库中至少需建立以下三种类型表:

会员信息表:主要用于存放会员的个人信息,如会员编号、姓名、出生年月、联系电话、E-mail、级别等。

旅游产品信息表:主要存放旅游线路、酒店和航班的具体信息,可以将这三类信息分别存放在三个表中,即旅游线路表、酒店信息表和航班信息表。旅游线路表:主要包括线路编号、线路名称、出发地、目的地、游览天数、价格、组团人数、行程安排、供给标准、开班日期、旅游线路产品介绍等。酒店信息表:主要包括酒店的编号、名称、所在城市、地址、星级、房型、早餐情况、床型情况、宽带情况、价格、酒店简介等。航班信息表:主要包括航班编号、航班号、出发城市、到达城市、所属航空公司、机型、开班日期、起飞时间、到达时间、起飞机场、降落机场、票价、座位数、飞行时间等。

订单信息表:主要用于存放客户的订单信息,包括订单编号、会员编号、付款方式、付款状态、订单处理状态、下单时间、旅游产品编号、数量、单价等字段。通过会员编号可以与会员信息表联系起来,通过旅游产品编号可以与旅游产品信息表联系起来。

(三)旅游网站的建站流程

1. 注册域名和申请 IP 地址

接入互联网的每个用户在网络上都应该有唯一的标识记号,即 IP 地址,以便别人能够访问。由于 32 位二进制数的 IP 地址不容易记忆,所以每个 IP 地址都可以申请唯一与其对应的、便于记忆的域名。域名可以理解为接入互联网的企业在网络上的名称,它是每个网络用户的 IP 地址的别名,是一个公司或企业的网络地址。一个好的域名必须遵循以下原则:简短,切题,易记,与企业密切相关。

一个著名的域名如同一个著名的品牌、一个著名的商标一样,具有无形资产价值。取好域名后,必须向权威机构申请注册,获得批准后方可使用。

2. 确定网站的技术解决方案

注册域名和确定 IP 地址是建立电子商务网站的第一步,接下来需要选定网站软、硬件平台。无论是自己拥有独立的服务器,还是租用虚拟主机,如果想进行电子商务活动,都要根据企业的规模、网站预计的访问流量、建站的投资及以后网站运营的费用来选择确定网站的建站方案。在建站时要考虑确定的技术因素有以下几点。

(1)根据网站不同的规模,选择不同的主机方案,搭建不同的网站建设平台。

(2)根据网站不同的规模,选择网络操作系统、Web 服务器和数据库系统。

(3)确定电子商务管理系统的解决方案,是选购还是自己开发电子商务管理系统。

（4）确定相关的开发系统，如网页编辑软件、ASP、JSP、数据库软件等。

（5）确定网站的安全措施，如防黑客、病毒、商业欺诈等方案。

3. 规划网站的内容并制作网页

网页是电子商务网站的对外表现形式，建立制作网站主页是电子商务网站重要的环节之一。在制作主页前需要考虑网站的风格和主要实现的功能，需要根据自己企业的特点做充分的准备，使网站的基调符合客户的需要，网站的外观设计和制作将直接影响到浏览访问者的兴趣，一个好的、有鲜明特色的电子商务网站会吸引更多的浏览者再次访问。这就需要在网站的内容、外观、栏目、功能上多下功夫。

4. 网站的发布和推广

利用 Dreamweaver MX 或其他软件可将制作完成的网页上传到 Web 服务器中，在互联网上发布。但是，网站的建设不是一劳永逸的事情，企业在不断发展，网站的内容也需不断地更新，所以网站信息的发布是一项经常要做的工作。

网站建设完毕后，网站推广工作又是一个重要的环节。一个电子商务网站如果不进行推广宣传，一般很难有较大的访问量，这个辛辛苦苦建设的网站便毫无意义。必须利用服务进行及时推广宣传电子商务网站，网站的推广一般有以下几种方式。

（1）在各大搜索引擎上注册，让客户可以通过搜索引擎找到网站。

（2）在传统的广告媒体中对网站的内容、网站的地址、产品的性能以及可以提供的便捷服务进行宣传，扩大网站的影响。

（3）在访问量较大的 BBS（电子公告板）上发布广告信息或开展与企业相关的问题的讨论，进一步扩大网站的影响。

（4）通过电子邮件将网站的信息发送给客户和消费者。

（5）通过与其他类似网站合作，建立友情链接，获得双赢。

　5. 网站的更新维护

网站建成之后，在运营过程中需要定期更新网站的信息，及时总结经验与教训，逐步完善网站的数据库服务系统，使客户可以通过网络查询网站上的产品信息及各种资料；建设 FTP 服务、电子邮件服务及搜索引擎；设立 BBS 区和产品服务等。

互联网的发展也伴随着安全问题，电子商务网站也经常会遭到"黑客"和"病毒"的袭击。在网站的日常维护中，网站的安全是至关重要的。网站的管理人员需要定期对网站的服务器、数据库、网页程序进行测试，对可能出现的故障和问题进行评估，制订出应急方案、解决方法和响应时间，使网站的维护制度化、规范化。

二、旅游网站的优化

（一）网站优化的概念

狭义的网站优化，即搜索引擎优化（SEO，Search Engine Optimization），是一种利用搜索引擎的搜索规则来提高目标网站在有关搜索引擎内的排名的方式。主要分为站内优化与站外优化。

通俗解释站内优化就是通过 SEO 技术使得旅游网站在搜索引擎上的友好度和站内用户的良好体验度上升。这样做的目的很简单，就是让旅游网站在搜索引擎的排名靠前并且得到很好的客户转换率。站外优化是通过 SEO 手段提高网站流量和帮助网站进行品牌推广，这个过程可能涉及的方式有百度推广、谷歌广告、中华网库自然推广、各大门户网站推广等。

然而，确保网站与搜索引擎完全兼容是一个复杂的过程，涉及许多不同的 SEO 网站优化因素和组件，以确保每一个环节都以最好的方式处理。

SEO 依存于搜索引擎的出现，是网络时代发展的产物，网站优化则偏重于"网站"的概念,本质是对网站进行完善、改良,让浏览者获得良好体验。网站优化是可以独立于搜索引擎而生存的,它最初不对网络直接负责,更不是以追求搜索引擎排名为终极目标,而是客户满意度,即用户体验(UE)。

事实上,没有搜索引擎,就没有 SEO。但没有搜索引擎,网站优化也依然存在。在搜索引擎出现之前,网站优化是完全独立的,它的核心是建设优质的站点,并随着互联网的发展和网站自身的拓展而不断加深优化。直至搜索引擎出现后,网站优化才逐渐向搜索引擎的方向发展,并伴随着搜索引擎日渐成为人们浏览互联网信息的重要工具,网站优化才渐渐成为网站推广乃至网络营销的基础,并直接对 SEO 负责。因此,SEO 是由网站优化衍生出来的一门新技术。

(二)网站优化的内容

网站优化就是通过对网站功能、网站结构、网页布局、网站内容等要素的合理设计,使得网站内容和功能表现形式达到对用户友好并易于宣传推广的最佳效果,充分发挥网站的网络营销价值。网站优化设计的含义具体表现在三个方面:对用户体验、对网络环境优化以及对网站运营维护的优化。

1. 用户体验

经过网站的优化设计,用户可以方便地浏览网站的信息、使用网站的服务。具体表现是:以用户需求为导向,网站导航方便,网页下载速度尽可能快,网页布局合理并且适合保存、打印、转发,网站信息丰富、有效,有助于用户产生信任。

2. 网络环境优化

以通过搜索引擎推广网站的角度来说,经过优化设计的网站使得搜索引擎顺利抓取网站的基本信息,当用户通过搜索引擎检索时,酒店期望的网站摘要信息在理想的位置出现,用户能够发现有关信息并引起兴趣,从而点击搜索结果并达到网站获取进一步信息,直至成为真正的顾客。对网络环境优化的表现形式是:适合搜索引擎检索,便于积累网络营销网站资源。

3. 网站运营维护优化

网站运营人员能方便地进行网站管理维护,有利于各种网络营销方法的应用,并且可以积累有价值的网络营销资源。

网站优化是一个漫长的阶段,不能马上看到效果,只要坚持就一定能在百度、谷歌等搜索引擎上有一个好的排名。

(三)网站优化方法

除了搜索引擎优化,用户体验的优化也非常重要。一个网站SEO 做得再好,但是网站性能、交互体验等极其糟糕,一样体现不出应有的价值,而失去用户友好度,因此,网站优化应该做到引擎、用户双友好。

1. 搜索引擎优化

搜索引擎优化主要包括:

(1)网站酒店品牌或者产品关键字优化。

(2)网站内容优化,关键字密度分析,提高引擎友好度。

(3)页面标题栏(Title)的内容优化。

(4)添加并优化网站各页面的关键字及描述信息(META)。

(5)分析网站代码,精简结构,减少冗余,使网站性能更优,加载更流畅。

(6)全站诊断,改进各流程操作的交互体验,有针对性地进行体验优化。降低用户操作成本,提高用户友好度。

(7)分析页面访问情况及大众用户操作偏好,作出相应调整,突出重点信息。

(8)优化网站静态资源,减少带宽及服务器请求数节约带宽成本、提高服务器性能。

2.用户体验优化

用户体验优化就是把浏览者的网站针对用户的体验来进行优化,面对用户层面的网站内容性优化,本着为访客服务的原则,改善网站功能、操作和视觉等网站要素,从而获得访客的青睐,通过优化来提高流量转换率。

而在这个过程中,电商网站优化会受到搜索引擎优化想法的限制,只注重局部优化,只做关键词的排名,但电商网站更注重的是转化率和流量,基于电商网站日后的长期发展,电商网站优化应从网站的整体出发,完成以下优化工作:

(1)确定域名相关性;

(2)先画主干再添枝叶;

(3)栏目确定好再添加内容;

(4)服务器稳定;

(5)静态网页优于动态网页;

(6)交换友情链接。

(四)网站优化辅助工具

网站排名优化方法无非就是两种,一种是在百度、360 等搜索引擎上做竞价推广;另一种是利用搜索引擎的排名规则,自己做排名优化。这两种优化方法各有利弊,大的企业一般会选择做竞价推广,这种方法做的网站排名很靠前,但是价格比较贵;小企业大多会选择自己优化,弊端是排名提高很难。随着互联网行业的发展,现在出现了很多针对网站排名做优化的软件,其特点是通过软件发布上万条带有链接的软文到博客、论坛里面,增加网站的外部链接,提升网站排名,如 skycc 网站推广软件等。其实,无论是做竞价推广,还是自己做优化,结果无非就是想增强企业知名度,宣传旅游产品信息,增加客户量,具体怎样做,就要根据企业的情况来选择了。

三、旅游网站的推广

当企业拥有了自己独立的营销网站之后,进行网站的宣传和推广就成了一项十分重要的营销工作。做好了网站的宣传与推广,提升网站的访问人气,才能起到网络营销助推企业整体营销的作用。网络营销推广的方法有很多种,应用工具软件进行网站推广是一种效率高、效果好的重要方法。

(一)网站推广基本含义

网站营销推广就是利用互联网开展宣传推广活动,目的是让尽可能多的潜在用户了解并访问企业自己的网站,而企业则利用网站向用户传递产品和服务等营销信息,使用户通过网站获取更多的企业信息,最终成为购买企业产品的用户。网站推广是网络营销的基本职能之一,是网络营销工作的重要基础。对于中小型旅游企业来说,用户了解企业的渠道很少,而通过网络宣传推广活动,可以有效地扩大中小型企业的社会知名度。

从广义上讲,企业从开始申请网络域名、租用网络服务空间、建立网站开始就已经进入了网络推广活动,而平常人们所理解的网络推广是指通过互联网平台进行的网络宣传推广活动。从狭义上讲,网络推广的载体就是互联网,离开了互联网的推广就不能算是网络推广了,网络推广属于网络营销的重要组成部分。

(二)网站推广基本类型

(1)按推广范围划分。按推广范围划分,可分为对内推广和对外推广两种类型。其中,对外推广是指针对站外潜在客户的推广,即通各种手段针对潜在客户所进行的营销推广,目的是要增加网站的"PV"和"IP"值、增加网站的会员数,最终实现增加企业盈利的目的。而对内推广则与对外推广正好相反,专门指针对网站内部用户的推广。例如,如何增加用户的网站浏览频率,激活流失的客户,增加网站频道之间的互动交流,如何实现网站之间的流量转化率,如何让网站不同频道之间的用户能够实现互动和在线交流等。

(2)按推广投入分。可分为付费推广和免费推广。付费推广就是需要花钱才能进行的推广。例如,各种付费网络广告、竞价排名、杂志广告、"CPM""CPC"广告等。企业在做付费推广时,一定要考虑推广的性价比。而免费推广指的是在不用额外付费的情况下就能完成的推广活动,如论坛推广、资源互换、软文推广、邮件群发推广等。

(3)按推广目的划分。按照推广目的可划分为:品牌推广、流量推广、销售推广、会员推广等。

①品牌推广。以建立产品品牌形象为主要特征的推广。品牌推广通常都会采用付费广告的方式进行推广,推广使用的方法也比较规范。品牌推广有两项重要任务:一是为企业和产品树立良好的市场形象,以提高企业的品牌知名度、美誉度和特色度;二是为了最终实现企业产品的销售和盈利。

②流量推广。流量推广是以提升流量为主要特征的推广。在现代眼球经济的市场环境下,流量就代表着人气,人气旺则生意好。

③销售推广。以增加收入为主的推广称为销售推广。进行销售推广时,通常都会配合企业的销售人员一起来做。

④会员推广。会员推广就是以增加会员注册量为主要特征的推广。

(三)网站推广的基本方法

在网络经济环境下,网络营销的创新方法层出不穷,以下所列各类方法都是被实践证明的推广网站的有效方法。

(1)搜索引擎推广。搜索引擎推广是指利用搜索引擎、分类目录等具有在线检索功能的网络工具进行网站推广的方法。最常用的两种形式为搜索引擎优化(SEO)和竞价排名,应用竞价排名涉及的主要因素是关键词规划和选择。

(2)资源合作推广。资源合作推广是指通过网站交换链接、交换广告、进行内容合作和用户资源合作等方式,在具有类似目标网站或者供应链关系的网站之间实现相互推广的目的。

(3)网络广告推广。网络广告推广的常见形式包括:BANNER广告、关键词广告、分类广告、赞助式广告、电子邮件广告等。

(4)内容推广。内容推广是指在虚拟社区发布大量与主题相关的、有价值的文章或信息来推广自己的网站,其中包括:博客推广、论坛推广、病毒式营销推广、贴吧推广、SNS推广等。应用内容推广所涉及的主要因素有:推广内容的丰富性、内容的原创性、内容与网站主题的相关性、内容的易下载性和易传播性、内容的超附链接性等。

(5)网站导航推广法。将所要推广的网站提交到地址网站进行推广。

(6)友情链接推广法。通过交换友情链接进行网站推广。

除此之外,还有同盟网站推广法、QQ群网站推广法、搜索引擎推广法、软文网站推广法等许多行之有效的网站推广方法。旅游企业可以根据自身情况选择适合的推广方法。

第二节　旅游产品网络营销

在大数据时代背景的影响下,旅游业的发展与大数据相结合,是现代旅游业的发展模式。利用数据时代,不断地创新服务理念、营销模式、营销产品,是企业在同行业中占有一席之地的法宝。大数据时代的到来,使人们的出行方式、消费习惯、需求都发生了翻天覆地的变化,使人们的生活方式发生了巨大的改变。旅游企业应根据其相应变化对其企业营销进行相应的变革,使其营销模式更符合顾客需求,促进旅游企业的进一步发展。

一、旅游网络营销基本概念

(一)旅游网络营销的概念

旅游网络营销是指旅游企业以电子化信息技术为基础,以计算机网络为媒介,利用互联网技术和功能,最大限度地满足最终游客的各项需求,以达到开拓市场、增加盈利为目的的一项经营活动。网络营销是旅游企业电子商务的基础和关键,旅游企业在网络营销过程中所采取的手段包括:利用网络技术进行市场调研、客户分析、产品开发与定位、改进经营流程、制定销售策略、进行售后服务与意见反馈、更好地改进产品和服务,使旅游企业自身得到完善发展。

(二)旅游网络营销的特点

1. 个性化

旅游电子商务的网上营销正向一对一的个性化发展,这种发展趋势将改变所有旅游企业从事商务活动的方式。个性化驱使旅游销售商根据过去的经验使 Web 站点或 E-mail 更加符合用户需要,适应不同年龄和地区的人的不同爱好,从而在网络营销过程中更加精确化,实现一对一的营销。

有两种个性化技术:一种是共同筛选技术,它把一名旅游消费者的习惯、爱好与其他消费者的习惯、爱好加以比较,以确定他下次要消费什么;另一种是神经网络匹配技术,即设定一套模仿人的大脑的程序,其功能是识别复杂数据中的隐含模式,如产品和消费者间的相关性。如果个性化服务在旅游电子商务网络营销中全面推行,将能够开创旅游电子商务网络营销的新时代。

网上个性化营销也并非一帆风顺,到目前为止,网络营销从上到下对个性化的重要性的看法很不一致。这是因为个性化服务要求消费者提供个人信息,有时需要填写冗长的表格,但只有少数消费者愿意这样做,更糟糕的是,在个人隐私方面会引发新的问题。

目前,满足个性化需求还需要经历一个漫长的过程,因为个性化服务需要采用复杂的数学公式和算法模型来匹配和挖掘人们可能的兴趣。

对于许多旅游经营商家来说,网络营销能使产品和服务非常精确地个性化,其目的在于极大地增强现有旅游电子商务的基础。将来,旅游电子商务企业将以用户管理者代替产品管理者,用户管理者的工作在于通过针对每个用户的需求,精心提供产品和服务。

互联网具有以个性化迅速赢得数以百万计的用户的能力,这种能力正在创造出以前不能以快捷方式销售的产品。例如,美国航空公司目前采用博达·威森(Broda Vison)公司的个性化销售软件,加强为经常坐飞机的人的服务。公司通过编制出发机场、航线、座舱和餐饮喜好以及他们自己和家人爱好的简介表,提高订票过程的效率。借助这些简介表和快速联系乘机人员的某种方式,在学校放假的几周时间里,美国航空公司为学生的全家提供个性化、定制化的到迪士尼乐园的打折优惠机票,这是一种全新的销售方式。

2. 低成本

旅游电子商务网络营销给交易双方所带来经济利益上的好处是显而易见的,主要表现在以下三个方面。

(1)没有店面租金成本。传统的店面租金相当高,特别是黄金地段,可以说是寸土寸金。而网络营销只需要一台网络服务器,或租用部分网络服务器的空间即可,与实际租用一个商业大厦的费用相比甚至可以忽略不计。

(2)低营销成本。网络营销具有极好的促销能力,经营者仅需负担较低的促销广告费用,即可将多媒体化的商品信息动态展示,既可以主动散发,又可随时接受消费者的查询。

(3)低结算成本。面向消费者的网络营销系统允许顾客在互联网上以信用卡付款,其着重点在于网上的实时结算,这使得顾客购物更为方便;对于商家而言,则降低了结算成本,电子商务代表了一种以网络为基础的新的商业结构。

3.电子化

信息时代给网络营销带来了发展的契机,其电子化的特点尤其突出,主要表现在以下三个方面。

(1)书写电子化、传递数据化。网络营销中采用电子数据(无纸贸易)、电子传递与旅游消费者进行交流、订货、交易,实现快速、准确的双向式数据信息交流。

(2)经营规模不受场地限制。经营者在"网络店铺"中摆放商品的数量几乎不受任何限制,无论经营者有多大的商品经营需求,网络营销系统都可以满足,而且经营方式也很灵活。

(3)支付手段高度电子化。为满足旅游电子商务网络营销的支持需要,各银行金融机构、软件厂商纷纷推出了电子支付方案,现已使用的形式主要有信用卡、电子现金、智能卡等。

(三)旅游网络营销的功能

1.发布产品信息

信息发布是网络营销的基本功能之一。由于网络营销的基本思想是通过网络信息平台将旅游企业的产品和服务信息向目标客户、合作伙伴、社会公众的群体进行全方位的传递。快速发展的互联网技术使企业信息的传播速度越来越快,传播范围越来越广,信息的影响力越来越大。

2.建立网络品牌

网络营销的重要任务之一就是在互联网上建立并推广企业的品牌,同时可以让旅游企业的线下品牌在网上得以延伸和拓展。网络营销为企业利用互联网平台树立企业形象提供了非常便利的条件,无论是大型企业,还是中小型企业,都可以通过互联网平台来展示自己的企业形象,扩大企业影响力,提高顾客与公众对企业的认知和认可度。有效的网络营销可以将企业的品牌价值转化为现实和持久的顾客关系价值,使企业更加具有竞争力,为企业带来直接的收益。

3. 网站推广

获得必要的访问量是企业开展网络营销活动取得成功的重要前提。对于中小旅游企业来说,由于经营资源的限制,以传统方式来开展大规模的促销活动几乎不可能,而通过互联网信息平台却能以最低廉的营销成本来实现企业最大的宣传和影响力,为了实现这个目标,企业必须进行网站推广活动,即便是大型企业也同样如此。因此,网站推广已经成为企业开展网络营销活动的一项重要的基础性工作。

4. 销售促进

销售促进是实现产品销售的重要手段。各种类型的网络营销方法对于旅游企业的产品销售都具有直接或间接的促进销售的作用。与此同时,还有许多有针对性地进行网上促销的手段,如网上折扣促销、网上赠品促销、网上抽奖促销、网上积分促销等。以上方法并非仅限于网上销售使用,它们对于线上、线下销售促进都具有同样的价值和作用。

5. 网上销售

网上销售是旅游企业销售渠道在互联网上的延伸和扩展,一个具备网上交易功能的网站本身就是一个网上旅游产品的交易所。

6. 顾客服务

互联网平台可以为顾客提供十分便捷的在线服务,如常见问题解答(FAQ)、即时在线交流、旅游产品展示等。网络提供的在线服务功能具有成本低廉、使用效率很高的特点,通过网络营销的交互性和良好的顾客服务手段,能够使企业和顾客之间建立良好的客户关系,通过网络社区服务,可以进一步实现产品宣传、用户体验和情感交流,有助于增进顾客关系,提高顾客的忠诚度,使潜在顾客转换为真实顾客,最终实现产品的销售和盈利。

7. 网上调研

市场调研是企业开展各项经营活动的重要基础。网上市场调研具有周期短、成本低的优点,准确、有效地进行网上市场调研不仅为定制网络营销策略提供了信息支持,也是旅游企业进行市场研究的重要手段之一,网上调研的结果反过来又可以为企业的其他职能更好地发挥作用提供支持和帮助。

网络营销的各项职能之间并非独立存在的,而是具有相互联系、相互促进、相互影响作用的,网络营销的最终效果一定是各项职能共同作用的结果。实践证明,开展网络营销需要企业具有全面营销的观点,要充分协调和发挥各种职能的联合作用,最终实现网络营销整体效益的最大化。

二、旅游网络营销策划

(一)旅游网络营销策划的原则

旅游电子商务的网络营销可以采用分阶段发展的原则。一般分为以下三个阶段。

第一阶段:部分业务电子化阶段。在这一阶段,可选取信息化作用明显、易于实现的经营管理环节率先实现电子化,为旅游企业建立电子商务系统做准备。

第二阶段:电子销售/预订阶段。这一阶段的目标是在业务电子化的基础上,建立电子销售/预订系统。同时,通过数据积累,进行交易信息的全程管理和数据挖掘,为智能化决策分析提供条件。

第三阶段:全面信息化阶段。在这一阶段,通过企业管理信息系统及其各专门系统的接口,实现大部分店内信息流、资金流的自动处理,对人员、物资、设备的信息化管理和控制;对外能接受电子预订、支付,与各类旅游企业形成紧密的联系,实现电子协作。

（二）旅游网络营销策划的方法

1. 网站推广计划

网站推广计划是网络营销计划的组成部分。制订网站推广计划本身也是一种网站推广策略,推广计划不仅是推广的行动指南,同时也是检验推广效果是否达到预期目标的衡量标准,所以,合理的网站推广计划也就成为网站推广策略中必不可少的内容。一份好的网络推广计划应该在网站正式建设之前就完成,并且为实际操作提供总体指导。网站推广计划通常在网站策略阶段就应该完成,甚至可以在网站建设阶段就开始网站的推广工作。与完整的网络营销计划相比,网站推广计划比较简单。一般来说,网站推广计划至少应包含下列主要内容。

（1）确定网站推广的阶段目标。网站推广者必须学会使用搜索引擎,到更多的搜索引擎站点去注册。要确定在发布后的某个时间阶段独立访问用户数量、与竞争者相比的相对排名、在主要搜索引擎的表现、网站被链接的数量、注册用户数量等目标。

（2）在网站发布运营的不同阶段所采取的网站推广方法。最好详细列出各个阶段的具体网站推广方法,如登录搜索引擎的名称、网络广告的主要形式和媒体选择等。

（3）网站推广策略的控制和效果评价,如阶段推广目标的控制、推广效果评价指标等。对网站推广计划进行控制和评价是为了及时发现网络营销过程中的问题,保证网络营销活动的顺利进行。

如果说在线推广可以使网站提升知名度,那么离线广告则可以塑造网站的品牌形象。离线广告宣传其实就是运用传统大众媒体来推广网站,如在名片、宣传册、信笺等一切旅游者能够看到的载体上印上网址。另外,也可以在热门网站上发布广告,或是通过邮件列表来推广。

2. 网络营销吸引策略

网络营销的渠道应该是本着让消费者方便的原则设置。为了在网络中吸引消费者关注旅游企业的产品,就要采用更多的方法和策略吸引消费者。为了促进消费者购买,应该及时在网站发布促销信息、新产品信息、公司动态,同时提供多种支付方式,让消费者有多种选择。

互联网改变了公司与顾客之间的沟通性质。过去,广告内容由传统广告商设计;现在,在互联网上,信息则由消费者选择。过去,信息从卖方向买方单方向流动;现在,在互联网上,信息向相反的方向流动。为此,企业要利用难以模仿的吸引工具,形成自己的竞争优势,这也是旅游网络营销成功的关键因素。独具特色的吸引工具包括娱乐游戏、网上俱乐部和网络免费礼品等。

许多网站利用娱乐游戏等去推销产品,这些娱乐游戏具有很强的互动性、娱乐性和挑战性,通过这种方式能够赢得大量的潜在客户,从而创造和强化充满活力的、有趣的和友好的企业形象。

网上俱乐部是一个能够与朋友以及志趣相投的人相聚的地方。访问者一般必须先注册成为会员,在进入网上俱乐部后,与具有相同爱好的人沟通交流。网上俱乐部吸引人的原因是互动性和娱乐性,它能够提高访问者对企业的忠诚度,强化顾客回馈,并且通过"会员互助"来改善服务。

免费几乎总能引起注意。网络免费礼物包括数字资料,如软件、照片、数字绘画、研究报告以及非数字礼物(如 T 恤衫)。多数情况下,礼物是作为对参与活动(如统计资料收集)的补偿。例如,中国旅游网提供了很多旅游统计数据,芬兰的旅游网站上提供了许多非常有特色的数字图片,华夏旅游网上的"摄影天地"栏目提供了许多风景图片等。

三、旅游网络营销策略

（一）旅游网络营销的产品与服务策略

1. 旅游产品形象策略

　　旅游产品、旅游目的地具有主体无形、不可移动性，必须通过各种网络多媒体（图片、声音、视频）工具来进行有形化展示，才能为潜在旅游者所认知，进而产生旅游动机，并最终实现出游。

　　旅游目的地在设计自己的旅游形象时，需要在详尽调查的基础上，对目的地固有的旅游资源有创造性的了解，再将设计好的形象通过网络展现出来。而针对旅游产品，可以利用网络的互动性，通过征求旅游者的意见和建议，加强旅游者的参与意识，开发设计出符合旅游者需要的、具有特色的旅游产品。

　　中华行知网在酒店宾馆介绍中引入了 360°全景展示技术，游客通过轻轻滑动鼠标，就可以对目标酒店的房间设施、居住环境和折扣程度等信息进行甄选，做到在出行前对入住酒店就有个全面的了解，部分解决了旅游产品异地性和旅游生产、消费同时性给旅游者带来的无法购买前"检验"产品质量的问题。它既能吸引游客的目光、引起兴趣、激发购买欲望，又能打消顾客的疑虑，促进网上交易的实现。

　　环视旅游网是中国旅游视频第一站，是由具有 10 年专业旅游电视制作经验的广州《周末导游》电视传播网有限公司策划创办，并由广州电信提供宽带技术支持，与中国最大宽带网站之一的"世纪前线"共同打造的全球旅游传播大平台。

　　该网站汇集了广州电视台《周末导游》十多年的旅游电视精华和各旅游目的地的精彩旅游宣传片，以及网友每天不断上传的旅游 DV。网站还网罗了全国著名旅游目的地的详细介绍、精彩相册、旅游攻略、游记等旅游资讯，供网民免费点播浏览，吸引了数以亿计的全球网民及页面浏览量。

2. 旅游产品定制化策略

随着社会经济的发展,个性化的消费日益成为人们的追求目标。反映在旅游业上,旅游者不再满足于被动地接受而是主动地参与到旅游产品的设计中,使旅游产品向"量身定制"的方向发展,个性化的定制营销已成为旅游营销的重要组成部分。

双向互动式的信息交流方式,为个性化旅游的实现提供了先决条件,而旅游线路柔性设计体系、旅游产品柔性制造系统的完善,则进一步为其提供了物质基础,旅游企业可以在成本上升幅度不太大的前提下,为满足旅游者的个性需求提供不同的旅游产品和线路。

为此,旅游企业可以依靠便捷的网络信息沟通渠道,清楚地了解到旅游者的偏好和要求,以便精确地掌握和锁定目标客户,进行有的放矢的营销活动。还可以提供菜单式的自助服务,使旅游者可以根据自身需要,挑选所需的产品和服务进行组合,并且能够灵活地适应市场变化,在最短的时间内,确定线路、更新产品或调整价格。

3. 旅游服务完善化策略

提供良好的服务是实现旅游网络营销的重要环节,也是提高旅游者满意度和树立良好形象的重要方面。网络营销人员应从消费者的角度出发,建立方便消费者的新型互动关系。

旅游服务环节包括售前服务、售中服务与售后服务。例如,在售前环节,建立分类导航服务、"虚拟展厅"等,方便旅游者查询酒店、机票和旅游线路等各类信息;在售中环节,简化预订流程,资料填写尽量采用选择方式录入、可选择多种支付方式等,提升旅游者在使用过程中的舒适感、易用性、友好度和吸引力;在售后环节,建立网络旅游消费者论坛、信息反馈平台等沟通渠道,重视客户反馈信息,及时处理客户的意见和投诉,督促企业提升旅游服务质量,完善旅游服务内容,增强网上服务效果。

此外,要特别重视客户关系管理,实现客户价值最大化。首先,建立完善的客户信息库,强化跟踪服务功能,提高客户满意度。其次,加强对客户信息的分析能力,从中获得针对性强、内容具体、有价值的市场信息,据此制定营销策略、创新产品设计。再次,积极推广网上社区,随时了解旅游者的需求、满意度及意见与建议并及时处理,赢得旅游者信任,培养旅游企业与客户间的稳定关系。

(二)旅游网络营销的价格策略

1. 价格公示策略

旅游产品价格公示策略是利用旅游网络的媒体功能和互动功能,将各个企业的旅游产品及其组合的价格列表公示,方便旅游消费者比较各种旅游产品,并结合企业所提供的个性化服务,通过与企业的互动调价拿到自己满意的购买价格。

主要做法:一是提供各种旅游产品的系列价格表,这些价格表要标明产品组合,并根据淡旺季节和供需变化公布价格调整表;二是开辟旅游产品组合调整价格区,供旅游者组合自己需要进行旅游产品的自由组合,并获得相应的价格。

2. 个性化定价策略

信息与网络技术的飞速发展,使定制旅游得以实现,借助完善的数据库,旅游者只要输入旅游目的地及愿意支付的机票、饭店客房、用餐、租车等的价格,系统便去寻找能够满足旅游者个性化需求的旅游产品并组合成套餐,最终让旅游者能以自己的出价去旅游。这种旅游产品和服务的个性化如果达到极致,甚至可以实现没有哪位旅游者的旅游线路和价格完全相同。

3. 弹性化定价策略

价格对旅游企业、旅游者乃至中间商来说都是最为敏感的问题,而网络上信息自由的特点使这三方面对旅游产品的价格信息都有比较充分的了解,由此决定了网络销售的价格弹性较大。

旅游企业可以通过在网上建立会员制,依据会员过去的交易记录、购买习惯等因素,给予会员一定折扣,鼓励会员上网交易;开发网上议价系统,旅游企业与游客协商定价,根据旅游者的信用、购买的数量、购买的时间和线路情况,商定双方满意的价格;建立网上客房价格自动调节系统,按照旅游的淡旺季、市场供需情况、其他饭店的价格变动等情况,在保证盈利的基础上自动地进行实际的价格调整,并且定期采取优惠、折扣等形式来吸引顾客。

例如,在去哪儿网旅游搜索引擎首页列出了大量的航空机票折扣信息,为游客出行选择交通工具起到了强大的参考作用。

(三)旅游网络营销的渠道策略

1. 病毒式营销

病毒式营销(Viral Marketing)是指通过类似病理方面和计算机方面的病毒传播方式,即自我复制的病毒式的传播过程,利用已有的社交网络去提升品牌知名度或者达到其他的市场营销目的。病毒式营销由信息源开始,再依靠用户自发的口碑宣传,达到一种快速滚雪球式的传播效果。它描述的是一种信息传递战略,经济学上称为病毒式营销,因为这种战略像病毒一样,利用快速复制的方式将信息传向数以千计的受众。

病毒式营销常用于网站推广、品牌推广等,主要是利用用户口碑传播的原理,是一种采用高效、费用较少的信息传播方式的网络营销手段。

(1)病毒式营销方式主要包括:免费下载的视频或是音频文件;发布吸引人的图片和文章;发布免费的电子优惠券;电子贺卡的发放;免费下载的电子软件。

(2)有效的病毒式营销战略的基本要素主要有:提供有价值的产品或服务;提供无须努力就可向他人传递信息的方式;信息传递范围很容易从小向很大规模扩散;利用公共的积极性和行

为;利用现有的通信网络;利用别人的资源进行信息传播。

（3）实施病毒式营销步骤主要包括以下几种：

①病毒式营销方案的整体规划和设计;

②病毒式营销需要独特的创意,其吸引人之处就在于其创新性;

③对网络营销信息源和信息传播渠道进行合理的设计以便利用有效的通信网络进行信息传播;

④对病毒式营销的原始信息在易于传播的小范围内进行发布和推广;

⑤对病毒式营销的效果进行跟踪和管理。

2. 博客营销

博客是网络日志,可以在网络上发表个人的思想,同时也可以把博客作为营销的平台。博客营销是利用博客这种网络应用形式开展网络营销的工具,是基于包括思想、体验等表现形式的个人知识资源,通过网络形式传递信息的方法。单位或者个人利用博客这种网络交互性平台,发布并更新公司或个人的相关概况及信息,并且密切关注并及时回复平台上客户对于企业或个人的相关疑问和咨询,并通过较强的博客平台帮助单位零成本获得搜索引擎的较前排位,以达到宣传目的。

（1）博客营销常见形式有:企业网站博客频道模式;第三方BSP公开平台模式;建立在第三方企业博客平台的博客营销模式;个人独立博客网站模式;博客营销外包模式;博客广告模式。

（2）博客营销的特点有:

①博客是一个信息发布和传递的工具;

②博客文章的内容、题材和发布方式更为灵活;

③博客传播具有更大的自主性,并且不需直接费用;

④博客的信息量更大,表现形式灵活;

⑤博客文章显得更正式,可信度更高。

（3）博客营销的优势有:细分程度高,定向准确;互动传播性强,信任程度高,口碑效应好;影响力大,引导网络舆论潮流;与搜索引擎营销无缝对接,整合效果好;有利于长远利益和培育忠实用户;降低传播成本,性价比高;裂变式传播,每个读者都是传播者。

3. 互动营销

在互动营销中,互动的双方一方是消费者,一方是企业。只有抓住共同利益点,找到巧妙的沟通时机和方法才能将双方紧密地结合起来。互动营销尤其强调,双方都采取一种共同的行为。

(1)互动性。互动营销主要强调的是商家和客户之间的互动。一般都是先前期策划,然后对某一话题,网络营销的幕后推手进行引导,接着网友就开始参与其中,这是比较常规的互动。互动性是互动营销发展的关键,在企业营销推广的同时,更多信息应该融入目标受众感兴趣的内容之中。认真回复粉丝的留言,用心感受粉丝的思想,更能唤起粉丝的情感认同。这就像是朋友之间的交流一样,时间久了会产生一种微妙的情感连接,而非利益连接。像官网、企业微博、微信公众平台等媒介营销,可称之为泛自媒体营销,它是优拓互动基于泛自媒体的概念创建的一个具有专业性及权威性的营销模式,指在自己掌握的"账号"渠道上传播自己的信息,从而获得外界对自己的一个关注及认可的行为。

(2)舆论性。互动营销主要是通过网民之间的回帖活动、间接或直接对某个产品产生了正面的或者负面的评价。但其中舆论领袖的作用也在彰显其重要地位。名人效应对消费者的影响力十分重大,在市场竞争日益激烈的情况下,舆论领袖对企业的品牌口碑作用在未来依然不可小觑。

(3)眼球性。互动营销主要是吸引网民的眼球,如果一起互动营销事件不能吸引眼球,那么无疑这起互动营销事件是失败的。互联网本身就是眼球经济,如果没有网友的关注,就谈不上互动,获得互动效果的关键在于定位精准,应当围绕目标顾客关注的相关信息来发布,吸引目标顾客的关注,并且这些目标顾客大多是潜在的消费群体,从"粉丝"质量提高转化出商业价值。

(4)热点性。互动营销有两种事件模式,一种是借助热点事件来炒作,另一种是自己制造事件来炒作。自己借助事件网络营销要引起网民的关注,必须抓住网民内心的需求,也就是了解网民上网喜欢做的事情,或者他们对什么事情比较感兴趣。

(5)营销性。互动营销一般都是为了达到某种营销目的而做的事件炒作和互动。网络营销一般都是借助互动营销来帮助客户传达企业的品牌或者促进产品的销售。

4.邮件营销

邮件营销(E-mail Marketing)是在用户事先许可的前提下,通过电子邮件的方式向目标用户传递有价值信息的一种网络营销手段。

E-mail 营销有三个基本因素:用户许可、电子邮件传递信息和信息对用户有价值。这三个因素缺少一个,都不能称之为有效的邮件营销。这是利用电子邮件与受众客户进行商业交流的一种直销方式,同时也广泛地应用于网络营销领域,邮件营销是网络营销手法中最古老的一种。

邮件营销直接与目标客户对接,可以维护老客户,利用有吸引力的标题让人记忆,利用邮件发展增值服务,增加多方面信息的连接和提供话题。其优势和关键点见表 3-1。

表 3-1　邮件直销的优势和关键

邮件直销的优势	邮件直销的关键
1. 直接用邮件销售产品 2. 让网站访问者记住你 3. 利用邮件开展病毒式营销	1. 收集精准邮件地址库:利用用户名登录、运用邮件地址注册成为精准收集邮件地址的方式之一 2. 邮件标题一定要吸引人眼球 3. 邮件必须可信赖 4. 内容简洁或具趣味性的邮件效果更好 5. 邮件中要给人回邮件或采取行动的强力理由 6. 制作有价值的邮件杂志周刊,定期持续发送

（四）旅游网络营销的促销策略

1. 网上折价促销

折价也称打折、折扣，是目前网上最常用的一种促销方式。

2. 网上变相折价促销

变相折价促销是指在不提高或稍微增加价格的前提下，提高产品或服务的品质数量，较大幅度地增加产品或服务的附加值，让消费者感到物有所值。由于网上直接价格折扣容易造成降低了品质的怀疑，利用增加商品附加值的促销方法会更容易获得消费者的信任。

3. 网上赠品促销

赠品促销目前在网上的应用不算太多，一般情况下，在新产品推出试用、产品更新、对抗竞争品牌、开辟新市场情况下利用赠品促销可以达到比较好的促销效果。

4. 网上抽奖促销

抽奖促销是网上应用较广泛的促销形式之一，是大部分网站乐意采用的促销方式。抽奖促销是以一个人或数人获得超出参加活动成本的奖品为手段进行商品或服务的促销，网上抽奖活动主要附加于调查、产品销售、扩大用户群、庆典、推广某项活动等。消费者或访问者通过填写问卷、注册、购买产品或参加网上活动等方式获得抽奖机会。

5. 积分促销

积分促销在网络上的应用比起传统营销方式要简单和易操作。网上积分活动很容易通过编程和数据库等来实现，并且结果可信度很高，操作起来相对较为简便。积分促销一般设置价值较高的奖品,消费者通过多次购买或多次参加某项活动来增加积分以获得。积分促销可以增加上网者访问网站和参加某项活动的次数,可以增加上网者对网站的忠诚度,可以提高活动的知名度等。

第四章 旅游中电子商务应用

电子商务正猛烈地冲击着全球旅游业,而作为信息密集型和信息依托型产业的现代旅游业,又非常适合开展电子商务。旅游电子商务的发展也催生了旅游企业、旅游市场和旅游消费行为模式的巨大变化。旅游电子商务是随着信息技术在旅游业中的深入应用所形成的一门新的学科,是电子商务发展的一个行业分支,既有电子商务的普遍特性,又具有其独特性。

第一节 旅游产品供应商的电子商务应用

旅游产品供应商是指诸如旅游酒店、航空公司等企业,他们将开发出的旅游产品通过直销,或是通过电子分销渠道、平台以及传统的旅游代理提供给旅游消费者。注重以电子分销来进行应用实践。

电子分销的概念来自 20 世纪 50 年代航空公司的计算机预订系统。这是一个专供航空公司和旅游企业使用的网络预订系统,旅行社可以直接进入此类系统实时查看空座和价格信息并进行预订。20 世纪 50 年代以来,旅游产品分销方式经历了一个不断演进的过程,即以电话、传真为通信手段的预订中心分销模式,以大型计算机数据库为核心、数据专网为纽带的计算机预订系统(CRS)和全球分销系统(GDS)形成的专业封闭型分销模式,以互联网技术和 GDS 整合而成的公众开放型分销模式。

一、从 CRS 到 GDS

(一)航空公司计算机预订系统 CRS

航空公司很早就认识到高效、快捷、经济和准确地管理其接待容量和与旅行代理商和其他分销商沟通的必要性,于是开发应用了相应的信息系统。

1. 航班控制系统 ICS(Inventory Control System)

航空公司发展初期,销售部门需要花费大量的时间手工处理和保存预订信息。20世纪50年代后期,随着旅客预订量增大,提高预订效率迫在眉睫,由此在1962年,美利坚航空公司(AA)和IBM共同创建了实时编目控制的计算机系统,供美利坚航空公司内部使用,这就是世界上第一家航空公司航班控制系统Sabre。Sabre于1964年正式启用,实现了预订流程的自动化,起到了增收节支作用。随后,美国大陆航空、美联航、达美航空和环球航空也相继建立了各自的ICS,即Systemone、Apollo、DatasII和Pars。

在这一阶段,每个代理人为了能够代理各个航空公司的机票,必须装上不同的终端为各个航空公司代理,航空公司也要在各地建立自己的销售代理,产生大量重复建设和系统冗余。对于代理人来说,订座系统范围越广,收益越大,但投资也就越大,所以都希望能找到既降低投资而又保证收益的新的解决方案,计算机订座系统因此应运而生。

2. 计算机订座系统 CRS(Computerized Reservation System)

20世纪70年代航空工业的高速发展和美国航空业的开放使航空公司可以任意改变自己的线路安排和价格,这要求航空公司的内外部沟通能更灵活地应变,这种背景促成了ICS转变为CRS,并很快发展成为一个庞大的电脑网络。

CRS为航空公司的内部管理服务,是航空公司接待容量管理的一个重要工具。CRS让航空公司能不断根据需求调整自己的航班安排和价格以适应激烈的竞争要求,同时CRS也成为提高企业内部运行效率的内部网,成为数字航空公司的中枢,CRS变得越来越复杂以便能面向全世界的潜在顾客提供实时信息并支持航空公司的经营管理。

另一方面,由于意识到代理人能够通过自动化预订提高效率,进而拓展航空公司的销售范围,增强航空公司的营销能力,Sabre 和 Apollo 首先将其内部订座系统用于外部的代理人,为分销商和合作伙伴服务,使他们能了解到价格和机位情况的信息。各航空公司内部订座系统互相结盟,将资源集聚于 CRS 共同利用,建立多用户系统,与具有订座系统的航空公司连接,并为没有订座系统的航空公司提供计算机系统服务,从而避免了 ICS 给代理人销售多家航空公司机票带来的不便和浪费,预订效率和销售能力再度提高,旅客也因此得到更加便捷的服务。

CRS 使得航空公司分布在世界各地的销售点、销售代理商都可以改善机票销售状况,加强分销渠道的建设,加强和销售代理商的合作,便于实现多家航空公司的销售联盟,因此大型航空公司不仅使用 CRS,而且它们都非常重视参与 CRS 投资。如果是 CRS 的拥有者,则在机票销售中会占有很大优势,通过控制航班的显示优先权,可以提高所经营航班的出现频率,增加成交机会。在 CRS 销售中,销售联盟可以形成统一品牌,从而增加市场的影响力,在销售系统的屏幕上可以增加显示频率和点击率,最终可以增加联盟成员的产品销售机会。同时,为了弥补投资费用,航空预订系统开始销售互补性的旅游产品,如住宿或汽车租赁服务项目。

(二)酒店集团中央预订系统 CRS

随着航空业 CRS 的应用发展,国际酒店连锁和旅行社也认识到这种系统的潜力,于是大的酒店集团自己开发了一个中心预订系统,即酒店集团中央预订系统 CRS(Center Reservation System),并可连接到航空公司的预订系统中,便于旅行社的预订。1965 年 7 月假日集团建立了假日电信网 Holidex——I,首家推出了 Holidex 计算机预订系统。随后,其他酒店集团也纷纷建立了自己的计算机预订系统。目前,假日电信网已升级为 Holidex2000,并拥有自己的专用卫星,每天可以处理 7 万多间客房的预订服务。通过 Holidex2000，客人可以预订假日酒店集团在全球各地的 2000 多家酒店和度假村中不同等级的客房，并在几秒钟内得到确认。由于 Holidex 系统把遍布于全球的假日酒店联系在一起，客人往往可以在前一个旅行目的地的假日酒店中预订下一个旅行目的地的假日酒店，酒店集团得以有效地把客源控制在集团内部。同时中央预订系统的应用也极大地方便了旅行代理商，并有效地压缩了预订成本。可以说，连锁酒店集团 CRS 的开发标志着酒店电子分销时代的开始。

CRS 是旅游企业第一代网上销售系统，它大大提高了旅游销售的效率。它一端联系航空公司、酒店等旅游服务提供商，另一端联系分布在各地的旅行社等销售商，为旅客提供预订机票、客房等服务。

（三）全球分销系统 GDS

1. GDS 的产生

20 世纪 80 年代中期，随着经济全球一体化进程，CRS 经过发展壮大、合并、重组，功能不断增强，最终演变发展成为一个更加复杂的全球分销系统 GDS（Global Distribution System）。GDS 是为代理人提供航空和旅游产品分销服务的计算机技术及网络服务系统的总称。即以国际性航空公司为龙头，与连锁酒店、度假村、汽车租赁公司、铁路公司、旅游公司等旅游相关企业形成联盟共同建设的全球分销系统，成为国际旅游业最重要的业内分销系统。它通过国际航空电讯协会（SITA）的通信专网，将加入 GDS 的"卖方"（即航空公司、酒店、汽车租赁公司等产品、服务提供者）和"代理方"（即遍布全球的旅行代理人）连成一个旅游专业网络系统，并通过"代理方"实现对客户的销售。

GDS 是中央数据库＋众多分销终端的通用接口模式。GDS 一般由大型计算机控制广布的终端网络，这些终端布设于旅行代理商及其他旅游企业。通过计算机系统或视频文传系统帮助他们在本地和全球分销产品。GDS 是欧美国家旅游业的主要预订工具,美国几乎所有的旅行社都在使用 GDS,在法国已有85％的旅行社拥有 GDS,在整个欧洲有 40％左右的旅行社拥有 GDS。

2012 年 4 月,中国航信与全球最大的国际 GDS 提供商 Travelport 达成酒店内容互换和分销合作协议,双方计划通过系统直连互换酒店内容,通过各自的渠道进行分销,并就收益进行分成。Travelport 目前具有 9 万余家国际酒店内容库存,主要有两种业务模式,即酒店交易费模式(Room Master)和批发商模式(Rooms & More)。中国航信目前具有 1.6 万家左右批发商模式(航旅通)的国内酒店内容库存。

2. GDS 的特点

GDS 是全球旅游行业的主要预订工具,其具有功能强大和旅游代理商终端普及率高的优势,以酒店方面的应用为例,GDS 是通过吸纳成规模的酒店集团的产品,把这些产品储存在数据库中,并通过网络联系安装有 GDS 终端的旅行社,实现面向酒店顾客的销售。加入 GDS 等于直接与全球数以万计的旅行社签订了订房合作协议,提供了全球预订平台。我国大多数酒店在全球酒店市场知名度较低,而境外旅行社通常通过 GDS 平台获得酒店的地理位置、设施、服务、价格等信息,然后推荐给顾客。因此,加入 GDS 是我国酒店获得全球预订,让企业的触角向世界延伸的一条有效途径。

当然,GDS 也有其自身的不足,它的缺点是存在技术壁垒、使用成本高、界面不够友好。原因需要从 GDS 产生的技术背景看,20 世纪 60 年代,为了提高数据传输准确性和工作效率,人们开始尝试在贸易伙伴之间的计算机上自动交换数据,EDI(Electronic Data Interchange)也称无纸贸易应运而生。20 世纪 90 年代之前的大多数 EDI 都不通过互联网,而是通过租用的专用网络实现,这类专用的网络被称为 VAN(Value Addle Network),即增值网,在这期间出现的 GDS 使用的专用增值网络为 Apollo、Galileo。显然 EDI 作为一种为满足企业需要而发展起来的技术手段,与普通公众是无缘的。GDS 的终端界面不太易懂,需要使用者对计算机语法相当熟悉。而产品的多元化趋势又使其终端界面更加复杂,这无形中造成了 GDS 业务扩大的技术壁垒,制约了 GDS 经营业务的多元化。到 20 世纪 90 年代早期,电子分销渠道形成了封闭的网络,渠道本身昂贵、缺乏灵活性,接入 GDS 的旅游代理商必须向 GDS 经营商申请,交纳较高的接入费用并根据业务量向 GDS 经营商交纳佣金。20 世纪 90 年代 GDS 的分销费用有了明显提高,使不少旅游产品提供商觉得难以承受,这促使他们开始寻找原有分销模式的替代方法。因此,在当今互联网为旅游企业提供更自由的电子商务方式的情况下,GDS 在旅游企业中的推广受到了挑战。

3. GDS 的技术接入

运营 GDS 系统的是技术公司,仅负责数据收集和分发,而且一开始为分销机票服务时比较简单,因为航空公司有自己现成的终端,但之后酒店也希望使用 GDS 来为他们分销产品。这时大的酒店集团如 Hilton 等可通过自己的中心预订系统 CRS 接入 GDS,这样集团内所有酒店都一次性接入了 GDS。世界上还有大量的单体酒店,他们也想加入其中提高效率,但是开发和维护 CRS 系统的费用仍然很高,很多酒店选择了把分销外包给预订公司,而不是自己开发系统。与此同时也出现了一批专门负责帮助这些企业接入 GDS 的公司,业内称其为 Switch 公司,它可以作为连接任何酒店 CRS 和 GDS 平台的转换者。像 Pegasus、Unirez、Utell、Travelclick 等。他们提供的系统,可以让世界范围内众多的单体酒店都登录上来,把房态、价格、房量等传给指定的 GDS 系统,甚至传输到指定的某一家旅行社的某台分销终端,然后接收订单。

二、GDS 与互联网电子商务

(一)从 GDS 到互联网电子分销

第一代电子营销网络以 CRS、GDS 为载体,它们是旅游企业之间的预订、分销网络,实行的是 B2B 的电子商务模式。这时并没有网站的介入,CRS、GDS 自成营销系统,同时又是相联的,CRS 有时作为 GDS 的子系统。CRS 和 GDS 的出现和广泛应用都是在 Internet 出现之前,它们是促使旅游业发生转变的重要工具,建立起了一个分销系统。当时,GDS 和依托它们而生存的代理商网络几乎是全球航空业唯一的分销渠道,即使是欧美航空公司内部的订座系统也由 GDS 来托管和维护。对于航空公司来说,将产品通过 GDS 来分销,就等于进入了全球化的分销网络的快车道。

但随着信息技术发展,以 GDS 为核心所构建的旅游分销产业链在互联网的冲击下变得越来越脆弱,航空公司、酒店大力发展网上直销,部分航空公司的网站直销甚至占到了其总量的30%～40%,这使得 GDS 和旅游分销商在这个链条中已经不再是必需。新兴的低成本航空公司甚至自建订座系统,完全脱离了传统的"供应商—GDS—代理商"模式;另一方面,GDS 的航段收费模式给旅游供应商带来了沉重的成本压力,越来越多的旅游供应商将一些特殊的、特价的产品放在自己的网站上销售,并要求GDS 服务商降低航段费,同时一股削减甚至取消代理商佣金的浪潮迅速席卷全球市场。

(二)GDS 与互联网电子商务的比较

GDS 与互联网旅游电子商务相比较,既有共同点,又有差异性。

1. 共同点

(1)都属于可以提供数字化信息服务的计算机广域网系统;

(2)都可以实现远程的销售服务;

(3)都适应旅游服务业的市场需要,有其市场价值和生命力。

2. 不同点

(1)GDS 必须使用限定的软硬件,所以要成为 GDS 用户,所需的投资较大。GDS 在销售服务中能够提供的服务信息有限,而互联网电子商务可以使用互联网的各种资源,可以提供丰富的信息。上网开展销售的投资不一定很大。根据相关调查,各种类型预订的成本为:呼叫中心来进行类型预订,GDS 为 3.5 美元/预订,而互联网只需 0.25 美分/预订。

(2)GDS 属于主机—终端体系,而互联网属于服务器—客户机体系。GDS 是封闭的系统,掌握在它的开发经营商手中,所以利用它进行市场销售业务时必须依靠 GDS 的开发经营商,使用特定的客户端软件,而且通常是基于增值网的,要求接入 GDS 的旅游代理商必须向 GDS 经营商申请,交纳较高的接入费用并根据业务量向 GDS 的经营商交纳佣金。而互联网是开放的系统,开展电子商务不一定需要依靠中间的经营商。

(3)GDS 的操作比较复杂,需要经过特定的培训,而互联网的操作却相当简便。

(4)GDS 满足顾客个性化需求的能力远不如互联网电子商务,GDS 的服务时间和地点远不如互联网服务的时间和地点那样广泛。

(5)GDS 的用户身份明确,网络支付和税收都不存在管理上的难题,在 GDS 的交易活动中服务商承担完全的商务责任,而互联网电子商务在安全可靠性上有难题,服务商只承担有限的商务责任。

(6)GDS 主要针对的是旅游企业客户,而互联网电子商务的客户范围更广,还包括广大的旅游消费者个人。

（三）GDS 的发展及与互联网的融合

互联网的优势众所周知,它和消费者零距离接触,形成了大量的消费群体。随着互联网的发展,在当今互联网为旅游企业提供更自由的电子商务方式的情况下,GDS 在旅游企业中的推广受到挑战。但是,GDS 虽然接入成本高,但依靠多年的积累,GDS 有着众多的应用者并分销着非常丰富的旅游产品,加上安全可靠的预订以及支付系统,还有已经成熟的佣金机制,因而在业内的地位依然是不可替代的。

那些更关注酒店长远发展的决策者以及国际连锁型的酒店管理集团还是愿意加入到 GDS 系统中来提高自己的订房效率,因为一般网络订房大多局限于国内旅客,酒店与一般散客通过互联网的随机接触或通过订房中心拨打电话预订,旅客预订后不到的情况比较普遍,且这部分客人的消费能力相对较低。而 GDS 系统在一般网络订房的基础上,通过多年培育的全球数以万计的旅行社将酒店预订与机票、租车、邮轮预订等业务联成一体。加入该系统的酒店将获得更大范围、更为紧密的客户群,特别是能够保证旅客的入住,因为旅客通过 GDS 向酒店订房,是通过提供入住旅客住宿信息及信用卡信息向酒店订房,因此是有保证的订房。

为迎接互联网的挑战,全球分销系统 GDS 着力在两方面进行改革:一是使代理的旅游产品类型更加丰富,让使用界面更加亲切方便;二是寻求与互联网的融合。过去,GDS 仅在旅游同业内使用,连接旅游供应商和旅游代理商,而现在与互联网融合后,GDS 中的信息也能够通过互联网平台表现出来,并开始直接为个人旅游者提供包括旅游线路规划、机票预订、酒店预订、网上支付等全方位的服务。当然,全球分销系统与互联网的融合还存在一定困难。原有的 GDS 系统由于限于业内使用,其特征是适用于快速处理较大的交易量,而不适宜处理来自终端旅游者的详细查询和零散预订。GDS 与互联网的融合需要重新设计相关预订引擎，来满足旅游者的预订习惯。

三、电子商务对分销渠道的影响

（一）拓展分销渠道范围

电子商务拓展了传统的分销渠道。例如，旅游酒店的销售渠道除了旅行社、订房中心、人员销售和顾客直接预订之外，对于一些高星级酒店和酒店连锁集团的成员来说，CRS 和 GDS 也能为其带来相当多的国外客源。大部分 CRS 和 GDS 是相联的，可通过 GDS 进行全球更大范围的市场营销。这些系统大多由国外所开发，也有少数为本土开发。例如，1997 年加入 GDS 的中国天马系统是首家中国人自己经营管理的酒店预订和营销组织，主要为具备较高管理水平且没有加入国际酒店集团的酒店提供全球预订和市场营销服务。随着互联网的诞生，酒店分销渠道又翻开了崭新的一页。互联网打破了地域和国界的限制，使产品的全球市场整合成为现实，产品的销售渠道通过互联网拓展到了更广阔的全球市场，而非局限于国内局部市场。分销渠道由窄变宽、由实变虚、由单向静止变为双向互动。在我国，携程网的订房量和利润总和在三四年中就超过了国、中、青等传统旅行社大户。

（二）改善分销渠道状态

传统的分销渠道从生产商、分销商到零售商，中间环节特别多，商品需要经过多个环节才能送到消费者手中，这些中间环节必然要耗费大量的物质资源和时间投入，这样既增加了商品的成本又拉长了资金的周转周期，且各环节都各自为政，都想把自己的利润最大化，使利润以有利于自己的方式进行再分配。这样渠道的各环节的主体就会互设关卡，从而导致分销渠道不能畅通运行。上下游之间信息沟通很不畅通，从而导致信息严重不对称。

电子分销缩短了供应链的长度，减少了中间环节，使分销渠道由繁到简,由细长到扁平。在电子商务环境下,由于信息沟通成本低、效率高,分销渠道各环节的信息能充分沟通。生产商可以通过互联网与最终消费者进行直接的沟通,节省物质资源和时间的耗费,从而给企业带来极大的经济效益和社会效益。电子商务对分销渠道的细化作用表现在它使分销渠道从间接转向直接。通过互联网,旅游产品供应商可以直接了解消费者的真实消费需求,可以直接向消费者提供产品,可以低成本地向消费者提供定制化服务,与消费者实现互动,即一对一营销。

(三)形成分销渠道多元化

随着电子商务的发展,在旅游供应商直接向旅游者销售产品的同时,传统的旅游中间商开始利用电子商务手段,在信息技术的支持下提高效率,拓展业务范围,降低成本,改善服务,增强其竞争能力,获得了新的生命力,转变为信息化的旅游中间商。而与此同时,信息技术的发展和应用还使一些新型的旅游中间商应运而生,他们是一些基于互联网、提供信息服务中介的电子旅游中间商,它成为旅游供应商与旅游者之间电子商务活动的中间媒介,减少了旅游供应商自行建设电子商务网站的投入并通过虚拟交易市场增加交易机会,提高交易效率。在国内,携程等大型旅游预订网站是这方面的领军者。与携程同属一种业态的,还有数量众多的中小型旅游预订网站,他们具备地方性优势和其他特殊资源,抓住了携程等全国性旅游预订网站暂时无法涉足和蚕食的市场空白。此外,酒店联盟预订网站、门户网站或地方网站、旅游目的地营销系统(DMS)、旅行社网站、酒店集团或酒店自有网站等都促使互联网旅游分销渠道日益多元化。

由于旅游业的复杂多样性,以上的几种趋势在旅游业中是并存的。互联网使得旅游市场结构不是静态的,它将在交易成本的变化、不同渠道交易成本的对比和各种力量的此消彼长中演化和发展。旅游供应商直销的发展、传统旅游中间商的业务转型和信息化变革、新型电子旅游中间商共同组成了电子商务时代旅游市场结构的发展趋势。电子商务背景下的旅游产品分销渠道见图 4-1。

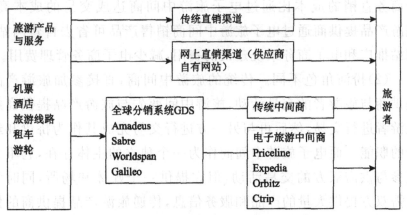

图 4-1 电子商务背景下的旅游产品分销渠道

第二节 旅游产品中间商的电子商务应用

一、电子旅游中间商与网络直销

(一)电子旅游中间商

信息技术的发展和应用使一些新型的旅游中间商应运而生，他们是一些基于互联网的电子旅游中间商，如 OTA 中的携程等。与传统的旅游中间商一样，电子旅游中间商也是连接旅游产品提供商和旅游者的桥梁与纽带，是中间商职能和功效在新领域的发展和延伸。电子旅游中间商可减少旅游产品提供商自行建设电子商务网站的投入，并通过虚拟交易市场增加交易机会，提高交易效率。

1. 电子旅游中间商和传统旅游中间商的区别

(1)存在前提不同。传统旅游中间商的存在是由于旅游产品提供商和旅游者直接达成交易的成本较高，中间商的存在可以减少两者为达成交易而花费的成本。而电子旅游中间商出现的原因是在网络信息技术发展的条件下,旅游产品提供商自己开展电子商务直销的成本比通过电子旅游中间商达成交易的成本高。旅游产品提供商通过电子旅游中间商销售产品可省去自建网站、网站推广和电子商务系统建设的费用,减少电子商务管理费用。

(2)扮演角色不同。传统的旅游中间商,直接参加旅游产品提供商与旅游者的交易活动,旅游中间商先与旅游产品提供商或旅游者进行交易,然后再与另一方进行交易完成其作为桥梁和纽带的职能。而电子旅游中间商作为一个独立的主体存在,它不直接参与供需双方的交易活动,但它提供一个媒体和场所,同时为供需双方提供大量的产品和服务信息,传递旅游产品提供商的供给信息和旅游者的需求信息,高效地促成具体旅游交易的实现。

(3)承担任务不同。由于传统的旅游中间商直接参与交易活动,因此需要承担资金、信息等的交换活动及一些旅游组织活动。而电子旅游中间商作为一种交易媒体,它主要提供的是信息交换的场所,而具体的资金交换和旅游组织等任务则由旅游产品的提供方与旅游者直接进行。

2. 电子旅游中间商构建的旅游电子分销平台

淘宝旅行平台从 2008 年年底开始筹备,并于 2010 年 5 月正式上线。淘宝巨大的流量,吸引了很多酒店进来开店,而一些航空公司也在淘宝旅行上开设了直营网店。淘宝旅行 C2C 业务是免费的,B2C 业务收取一定佣金,机票业务收取销售额的 1.5% 作为佣金,旅游和酒店业务收取 2% 作为佣金。

相对于携程,淘宝采用了不同的商业模式——平台战略,为航空公司、票务代理公司以及旅行社提供机票销售的平台,并收取少量的服务费用。这部分费用远低于 OTA 等机票代理收取的佣金,因此淘宝所销售的机票价格可以更低。另外淘宝用户群非常可观,远远超越了目前大型的 OTA,而且淘宝在这些用户中的口碑也不错。

在机票价格上,除了淘宝本身收取的服务费用低,其开放平台战略也为其积聚了大量的资源,其中不乏能够提供低价机票的资源。如东航、深航、联航、幸福航空等航空公司已经在淘宝旅行平台开设了官方旗舰店,航空公司通过机票直销可以提供更低价的机票。除了航空公司,包括不夜城航空、网逸航空、滕邦、深圳达志成等 200 多家实力强劲的一线机票代理商也已入驻淘宝,这些代理商规模巨大,能够从航空公司拿到较高的代理费返点,因此在机票价格上也很有竞争力。

借助天猫及支付宝搭建的信用平台,能够从一定程度上解决消费者对中小代理商信任不够的问题。而另一方面借助淘宝极高的人气,代理商也能够以最小的成本获得极佳的宣传效果,尤其在机票代理制度改革,中小代理商生存空间受到挤压的情况下,淘宝给予了他们更多的发展机会。

淘宝推出的在线旅行平台对市场格局产生了巨大的影响。首先,依托淘宝多年在商铺平台的运作经验以及积累的用户资源,该平台将帮助票务代理公司以及有意直销的航空公司、酒店等,实现与数量巨大的在线旅行消费者的需求对接。成熟的平台、庞大的消费群体、多年的电商运作经验无疑将帮助在线旅行提供商以更低的门槛进入网络销售市场,直面用户实现直销,这对提供商而言,是具有较大吸引力的。再者,消费者能在该平台上获得更多的实惠,而用户的需求是最终决定市场成败的基础,淘宝平台将过去存在于企业和消费者之间的信息鸿沟逐渐打破了,让消费者获得更大的收益,体现出更合理的价格、更好的质量和服务。

(二)间接分销与网络直销

1. 旅游供应商通过中间商分销

旅游中间商的存在,减少了旅游供应商与旅游者之间的交易次数,提高了旅游市场的运作效率。一般情况下 3 个供应商直接对 3 个旅游者,共需要 9 次交易活动,而通过一个中间商,则为 6

次交易。这使旅游供应商能节约市场销售上的资源配置,更专注地提供旅游接待服务。旅游中间商作为专业化的市场中介者,代理众多旅游供应商的产品,通过集中化的组合、分销和销售实现规模经济。

2. 旅游供应商网络直销

旅游供应商直接与旅游者沟通,可减少中间环节,提高效率,增加销售过程的可控性和灵活性。由于消除了中间商的利润分配,供应商收益增加。旅游供应商直接与旅游者沟通,使旅游者能得到更直接和细致的信息。

但同时也要看到,旅游供应商直接承担销售职能,需投入相应的资源,如直销过程中建设网站和开展电子商务所需的资金投入。供应商直销并不减少交易次数,但网络信息手段降低了交易中的通信成本,而电子商务技术如客户关系管理系统的应用,加强了旅游供应商的销售效果。

二、旅游产品与服务中间商电子商务的主要模式分析

旅游产品与服务中间商电子商务主要模式有 B2B 模式和 B2C 模式。B2B 一般是合作对象、范围相对有限的合作企业间的交易,交易内容包括采购产品与服务、查询交易信息、进行网上谈判及合同签订、网上支付与结算等。而 B2C 模式是企业对消费者的交易,主要功能包括企业为消费者提供关于旅游服务的信息咨询、消费者进行产品的在线预订与支付等。两种模式都是充分利用互联网边际成本低、无时空限制的特点,给企业带来更多的商机。

目前 B2C 电子商务模式深受企业青睐,现有的电子商务绝大多数是这一模式。B2C 旅游电子商务基本内容主要包括:目的地旅游信息的宣传营销、酒店预订、机票预订等。

目前在线预订是 B2C 电子商务的主要形式。对旅游业这样一个旅客高度地域分散的行业来说,旅游 B2C 电子商务方便旅游者远程搜寻、预订旅游产品,克服距离带来的信息不对称。按照

在线预订的业务运作特点,可以把在线预订 B2C 电子商务分为两种模式:代理模式、直销模式。

（一）代理模式

采用代理模式的在线旅游网站自身没有机票及酒店客房,它们只是代理酒店和航空公司的产品。与传统的旅行社代理模式相比在供应链上没有本质区别,不同之处在于这种代理模式提供的服务全是线上完成,而传统的服务则是在线下。这种模式的优势在于充分利用网络的优势,信息覆盖面大、信息查询方便、信息获取成本和比较成本相对较低。收入主要来自酒店、机票、景区、租车、演出门票预订的代理费。这种模式的代表主要是携程、艺龙、同程网等旅游电子商务网站。

（二）直销模式

主要是指具备一定实力的酒店连锁集团通过自建网站,绕过代理一环,自己在网上开展直销业务,直接面向消费者进行网上销售。采用这种模式自建网站的酒店能否有效吸引用户,很大程度上取决于酒店自身的品牌知名度及其提供的服务质量。同时,采用这种模式也不是每个酒店都可以做的,因为要考虑网站的建设费用和一开始的宣传费用,由于在线旅游初期的投入非常大,如果收益小于投入的成本,还是选择网上代理属于比较好的现实选择。目前,只有形成一定规模的全国性经济型酒店连锁集团实现了网上直销,如家快捷、锦江之星等。

三、旅游产品中间商平台的分类

（一）产品目录式

集中了大量产品和服务,为卖方提供低成本的销售渠道,为买方提供一站式的采购站点。产品目录式平台产生价值的根源在于将高度分散市场中的需求方和供给方聚集到一起,提供"一站式"的服务。产品目录式 B2B 电子商务平台,可为卖方带来更低的销售成本和处理费用,更高的客户满意度以及新的销售渠道和收入来源;可以为买方带来更低的采购成本,扩展了潜在的供应商来源,使买方更容易获得更多种类的产品比较信息。

（二）拍卖式

拍卖式平台提供了一个销售和购买特殊产品的场所,为买卖双方带来的好处主要在于能提供更多的选择与机会。采用拍卖式,卖方可以吸引更多的竞争者,获取更高的销售价和周转速度;买方可以找到更简便的购买特殊产品和服务的方法,也可在卖方竞标的反向拍卖中获得更低的购买价格。

（三）交易所式

交易所式是按旅游行业细分的"大宗商品"交易市场。采取相对标准的合约与严格的交易管理方法,安全和交易量问题都比较容易解决。通过交易市场提供的价格信息,卖方可及时出售存量的酒店、机票产品;买方也可通过快捷、方便、规范化的交易,满足批量立即购买的需求。

（四）社区式

聚集一群买方和卖方的目标用户,为他们提供行业专门信息以及与业内专业人士相关的社区式服务。通过提供行业新闻、评论、市场信息、在线聊天、公告板以及专家服务等方式,吸引行业内的买卖双方。

四、国内典型旅游产品与服务中间商电子商务模式分析与比较

（一）携程网模式

市场定位及服务内容:一个旅游行业的中介服务机构,酒店

预订、机票预订及旅游项目为三大核心业务。在产品形式上,定位于商务旅行、自助度假旅行,主要面对散客;在服务手段上主要通过网络、电话提供服务,服务从最开始的酒店、机票代理人逐渐渗透到度假预订、商旅管理、特约商户、旅游咨询等领域,被誉为传统旅游与互联网"无缝结合"的典范,成为国内在线旅游预订领域的领军企业。

盈利模式:携程的收费方式很简单,实际上是扮演了中介服务公司的角色,比如它将客户与酒店互相引荐,并促成两者之间的生意,然后收取佣金。网上酒店预订的代理费在 10% 左右,订票为 3%。由于自身无产品资源,其盈利多少关键取决于其能从上游服务提供商手里拿到的价格。目前正面临盈利上的挑战:一方面是去哪儿网在流量上远远领先于携程,另一方面是淘宝旅行、艺龙、芒果、京东及移动 12580 都加入了旅游市场竞争中,迫使携程不得不想办法获得更多的流量及线下资源。

(二)去哪儿网模式

独特的价值定位与服务内容:旅游垂直搜索引擎,为旅游者提供国内外机票、酒店、度假和签证服务的深度搜索,为用户提供及时的旅游产品价格查询和信息比较服务,帮助中国旅游者做出更好的旅行选择。服务内容除了传统的机票、酒店、度假、签证搜索,还提供火车票搜索、"知道"、博客、团购、奖励和优惠服务。

盈利模式:一是广告,广告是去哪儿网的主要收入来源,包括首页广告、机票搜索结果页面广告、酒店页面广告等,还包括为航空公司、酒店、签证服务代理机构及旅游景点提供的广告服务;二是在搜索结果中提供竞价排名服务,按照用户点击收费;三是酒店预订电话收费,向酒店收取消费者与加盟酒店通话所产生的电话费用,此项业务对酒店来说比其他网站收取佣金的模式更为划算,也更能成为去哪儿网的重要收入来源。

(三)同程网模式

市场定位及服务内容:同程网是目前国内唯一拥有 B2B 旅游

企业间平台和 B2C 大众旅游平台的旅游电子商务网站。网站由"同程网""一起游""旅交会"3 个子网站组成,在行业内首创"先行赔付"和"点评返奖金"等特色增值服务,为游客提供更全面、优质与低成本的旅游服务。目标定位只在 B2B 和 B2C,即同程网的行业商务和社会商务。

盈利模式:以多元化、一站式为特色的"网上旅行超市"模式。B2B 平台为旅游企业提供旅游资源的整合、交易,B2C 平台向消费者提供类似携程的各项旅游服务,从酒店、机票到各类门票、租车、旅游产品,最终都通过向商家抽取佣金的模式获利。网站已获得腾讯网千万元投资,并准备启动国内创业板的上市计划。

第三节 基于手机应用的景区电子导游

电子导游是一种旅游讲解专用设备,它可以用图文、语音、视频等形式把景区和陈列展示的物品表现出来,起到景区导览和介绍的功能,使游客在观赏景物和展品的过程中可以更好地了解其背后的文化内涵和趣味故事。

一、电子导游的作用

(一)缓解景区导游员不足的压力

随着景区游客量的不断提升,景区导游员的数量已经不能满足游客的需求;遇到旅游旺季,旅游团队都很难安排导游员,更不要说自助自驾的散客了。另外,入境游客也越来越多,面对不同语种的导游需求,景区很难配备对应的外语导游员。

电子导游很好地缓解了景区导游员不足的压力,也不用担心旺季游客暴增或者外语导游的问题。对于游客来说,租用电子导游的成本要远远小于聘请一位导游员,部分景区还提供了免费租用的服务,游客自然是乐享其成了。

（二）提供全面的信息和服务方式

传统旅游无法满足越来越多的自助游背包客，他们自主意识强，对个性化旅游的要求迫切，更倾向于自己来设计旅游路线。这些变化使得旅游者不再满足传统跟随导游"上车睡觉、下车看庙、到景点拍照"的低质量旅游过程，而是希望通过在旅游过程中全方位地参与或体验，充分理解景区景点的内涵和特色。因此，需要电子导游来弥补现有旅游服务中存在的不足，来满足旅游的高层次需求。

到杭州上城区清河坊历史街区的游客会发现，在这里游玩，不请导游也不会感到茫然，只需要带上一个名片大小的小盒子，就仿佛有了一个随身"导游"，对街区的历史人文和民俗风情一路娓娓道来。这就是上城区为自助游客量身定做的电子导游机系统。游客戴上耳机，挂上接收器，每到达一个小景点，讲解器都会自动感应、自动讲解对应景点的历史来源、背景故事、民间传说等。游客走到哪里，电子导游就讲解到哪里，甚至可以反复听任何感兴趣的景点讲解。

据悉，这一系统涵盖了清河坊历史街区范围内的 37 处主要景点，可以用中、英、日、韩 4 种语言进行讲解。游客可以到清河坊游客接待中心、鼓楼游客咨询点、华光巷杭州旅游集散中心、大井巷荷方青年旅舍免费租借电子导游机。

（三）游客可以自主安排游览线路

跟团旅游的游客经常会因为欣赏某个景点而没有听到导游的讲解，甚至还要一路紧跟导游步伐，旅游节奏完全由导游控制。使用电子导游设备后，游客可以比较随意地安排自己的时间，挑选游完的景点。此外，游客也能轻松地调整和更改行程，比如途中遇到自己喜欢的景点可以多逗留，不喜欢的景点可以一瞥而过。

电子导游取代了传统高分贝喇叭，游客在需要收听的时候可以戴上耳机自得其乐。即便是几个人一起收听,相对袖珍的喇叭也不会让声音传出太远的距离。

(四)通过游客定位分析辅助管理

采用了新的定位技术的电子导游,同时也是游客的一个安全保障。景区可以通过相关的监测设备,知道每个电子导游设备当前所处的位置,并可以了解游客的行动轨迹。这不仅对于游客在景区内的游览安全有更好的保障,景区还可以通过对游客游览轨迹的分析,更好地规划景区的相关设施。

二、电子导游的发展:从硬件到软件

印象中最早的电子导游是一个类似收音机模样并配有耳机的设备,游客在景区租用之后,到了某个景点可以通过按键选择对应景点的导游词,然后就可以听到事先录好的语音导游了。

游客自己选择播放哪段导游词显然有些不方便,也容易选错景点张冠李戴。升级换代后的电子导游机系统在景区各个景点增设了一个发射器。当游客带着电子导游机到达某个景点周边时,就会接收到发射器的信号并自动播放这个景点的导游词。

此后是加载了多媒体功能的电子导游:有一个屏幕,可以显示景区导览图,还有图文介绍,有的还能播放视频。

九华山风景区的电子导游收录了九华山风景区主要景点的介绍,大到山势水景、建筑构造,小到风土人情、室内摆设等,都会为游客逐一讲解。它还可用标准流利的普通话、英语和韩语3种语言讲解服务。该电子导游机使用了 RFID 射频技术,游客只需带上如烟盒般大小的导游机,每走到一处景点,安装在这里的射频装置便会发射出相应的信号,讲解器就会自动播放专业性的景点介绍。与此同时,该电子导游机还具备语音指路、多种语种导游、提示归还、图文显示等多项功能。

上海野生动物园启用了150台新型电子导览机。游客在公园售票窗口租借后,不仅可以享受景点视频讲解,还可以查询园内的餐饮商店和公园地图。导览机采用无线射频技术,当游客走近某个场馆时,导览机就会自动触发视频、画面和语音,播放出场馆内的动物资料,营造出人与动物充分和谐的环境。游客若想回看,只需按下导览机下方的按键即可。这种导览机目前可以为游客提供 200 余种具有代表性的动物讲解。除了景点导览,还可以让游客查询公园内的服务信息,如公园内商店位置,游客附近的餐馆、小卖部在哪里等,之后将逐步扩大到野生动物园周边的服务信息。

　　还有的厂商开发出了专门的电子导游机:本身是一个类似视频播放器的设备,用户购买后可以下载不同景点的资料。但是,这样的设备因为功能单一,且价格不菲,游客并不愿意为一两次出游就花上几百块购买一个所谓的电子导游机。

　　随着智能手机的普及,游客可以通过下载软件应用在自己的手机上实现电子导游功能,电子导游将逐渐完成从硬件设备到软件应用的转变。

三、游客对电子导游应用的需求

(一)精准的定位和导引

　　一般的手机应用均采用第三方的电子地图技术来实现定位和路线导引,但由于地图精准度的问题,这些第三方电子地图针对一个城市是够用的,放到一个景区就很难保证精准了。因此,可能出现游客已经到了景区里面的某个景点,定位却还显示在景区大门的情形。

　　解决这个问题就需要更加准确地采集景区的位置数据,并可适当采用手绘地图方式,准确定位景区内主要的位置点,再结合景区游览路线为游客提供更好的导引,让游客手持电子导游时能很好地确定当前位置,并获得进一步的游览指示。

（二）获取和操作无障碍

电子导游应用应该支持尽可能多的智能手机操作系统如IOS、Android 等。

除了在景区官方网站、应用市场上提供下载相关应用之外，游客到达景区后也应该提供更便捷、快速的下载方式。例如，可以通过 WiFi 或蓝牙直接获取，也可以通过扫描二维码标志快速下载，甚至还可以通过 USB 接口从触摸设备上下载。

电子导游应用的界面设计，也要符合大部分手机和大部分游客的使用习惯。考虑到有相当比例的老年游客，电子导游应用的字体和触摸按钮不妨设计得大一些。

（三）信息实时动态更新

景区的信息也经常发生变化，例如，新开通了一个景点，或者因为维护原因封闭了某个场馆，这就需要电子导游能及时更改相关信息。

传统的电子导游是一种封闭的系统，每次修改信息都需要重新制作软件并对每个电子导游设备进行升级处理，无法随时更新信息。

基于软件应用模式的电子导游，可以实现信息集中存储统一更新，在游客打开相关应用的时候更新最新数据，保证信息的准确及时。

四、电子导游的定位

（一）电子导游不应干扰旅游活动

技术的进步可以让电子导游越来越像真的导游。基于语音识别技术，甚至可以让电子导游和游客形成一定的互动。例如，游客问电子导游"我现在在什么位置"，电子导游立即可以通过手机定位当前的景点，然后滔滔不绝地向游客介绍这个景点。

但游客是来参观景点的,不是来操作电子导游设备和软件的,没有人希望从景区出来后对景点没有什么印象,只记得电子导游的声音。因此各个景点导游词的长度也需要有所保留,让游客的注意力更多地放在景点本身,电子导游在导览和基本的讲解上发挥作用就可以了。

（二）电子导游不能取代人的服务

电子导游软件不能完全取代传统的电子导游机,并且不是所有的游客都拥有可以下载电子导游应用的智能手机,也不是所有游客都懂得如何操作。电子导游设备永远代替不了导游面对面的现场讲解,也不能替代景区内各种指示牌。

第四节 虚拟旅游和电子地图

一、虚拟旅游

虚拟旅游就是通过互联网、数字文件等途径,通过三维、虚拟视频等技术展示旅游景观,体现旅游行程,让用户可以在一定程度上感受旅游过程中的视觉、听觉和其他感知享受。

（一）虚拟旅游技术

1. 图形模拟

类似我们常见的游览示意图,一般是通过二维的图像,结合地形图,把旅游景区旅游点和线路标识出来。虽然这类示意图谈不上什么技术含量,但是因为足够直观,很多旅游网站会专门提供。景区内的导览图也多采用这种形式。

为了增加这种浏览图的趣味性,有些景区还请专业人员制作手绘地图,不仅起到景区内导览的作用,还会成为很有趣的旅游纪念品。

2. 三维建模

三维建模,通俗来讲就是通过三维制作软件构建出具有三维数据的模型。三维建模需要借助专门的软件,首先对建模对象进行手绘,然后通过三维技术进行渲染,通常需要耗费大量的时间和费用。

如今的三维技术已经可以做到以假乱真的水平,但是如果希望建模和现实景观一样,耗费的成本是一般景区难以承受的。因此,现在三维建模经常用在规划设计上,向客户展示设计后的直观形象。但如果一个景区希望用三维建模的方式呈现整个景区的形象,要么做好花大钱的准备,要么做好模型粗糙不堪的准备。

2007 年 5 月,Google 获得斯坦福大学授权使用一项新技术,通过它可以自动生成建筑模型。利用这项技术,Google 能让汽车上的仪器自动捕捉四周建筑的形状及外观,所得数据汇集后在 Google Earth 中进行自动建模、贴图。在此之前,Google Earth 里的三维模型是通过 SketchUp 软件来创建的,每幢建筑都需要独立绘制、贴图、定位、导出至 Google Earth,当然,还有在线三维模型库,让世界各地的人来上传建筑模型。但这样做有一些缺陷:大量建筑被重复制作,质量也参差不齐;越是著名的建筑,感兴趣的人越多,制作者也越多,相反,一些普通居民楼、临时小窝棚等却无人问津。另外,微软在这一方面似乎略有领先,它通过多角度航拍,已建立起 50 座城市的三维建筑群,而且逼真程度相当高,但对浏览者的电脑硬件要求却有些苛刻。

Google 使用新技术后,便可根据遥控汽车在外采集的庞大数据,批量生成整条街甚至整个城市的三维全景,再借助 SketchUp 的优势,未来 Google Earth 上的三维世界必定更加精彩。

3. 全景照片

全景照片(Panoramic Photo),通常是指符合人的双眼正常有效视角(大约水平 90°,垂直 70°)或包括双眼余光视角(大约水平

$180°$,垂直$90°$)以上,乃至$360°$完整场景范围拍摄的照片。

全景照片可以借助专用的播放软件在互联网上展示,用户通过鼠标和键盘控制环视的方向,可以上下左右调整视角,还能拉远拉近。

4. 全景视频

全景视频在静态全景展示的基础上加入了动态元素,采用先进的全景影像采集设备进行全方位(接近$360°$)的动态视频影像的拍摄。后期经过专业交互软件的处理,就可以像浏览全景图片一样操作全景视频了。

全景视频在国外应用已经逐步普及,国内仍是寥寥无几。全景视频弥补了传统静态全景图片和三维虚拟漫游之间的真空地带,可以制作出全视角、超感官的实景动态漫游系统。

全景视频还创新地加入了时间轴交互方式,在线性播放的过程中插入非线性交互的多媒体元素,创造了全新的交互体验模式。

5. AR 技术

AR(Augmented Reality)技术也称为增强现实技术,是利用计算机生成一种逼真的视、听、力、触和动等感觉的虚拟环境,通过各种传感设备使用户"沉浸"到该环境中,实现用户和环境直接进行自然交互。

AR 技术是一种全新的人机交互技术,利用这样一种技术,可以模拟真实的现场景观,它是以交互性和构想为基本特征的计算机高级人机界面。使用者不仅能够通过虚拟现实系统感受到在客观物理世界中所经历的"身临其境"的逼真性,而且能够突破空间、时间以及其他客观限制,感受到在真实世界中无法亲身经历的体验。

例如,游客看到一个古建筑,只要通过相关手机应用对着这个建筑拍一张照,就可以获取这个建筑的相关介绍,甚至还可以通过应用看到这个建筑和周边环境在几十年前的样子,把游客带入时光隧道。再如,游客到了陌生的城区,想看看附近有哪些不错的餐馆,举起手机,打开应用,选择餐饮类别,手机就会对附近的餐馆进行搜索,店铺的图片、地址、联系方式甚至其他网友的评价等都会一一呈现在游客面前。

(二)虚拟旅游应用方向

1. 数字保护

《数字敦煌》把敦煌的洞窟、壁画、彩塑等文物加工成高智能数字图像,并把分散在世界各地的敦煌文献、研究成果与相关资料等,汇集成电子档案。

与互联网技术结合后,《数字敦煌》不但有望使分散在世界各地的敦煌文献整合起来,发挥纸质载体难以达到的效果,而且将极大地拓宽敦煌学研究领域,为多视角、多层次地探索和发扬敦煌文化发挥着重要作用。

经过十几年的努力,已经完成了 43 个洞窟的数字化,现在这些洞窟已经可以通过电脑进行三维展示。包括榆林窟在内,敦煌石窟现有 490 多个洞窟,未来 5 年内要完成 147 个 A 类洞窟的数字化。

正在进行中的敦煌石窟壁画数字化,首先是为了抢救敦煌石窟珍贵的文物信息,使之得以永久真实地保存,同时为敦煌学研究提供准确详细的信息资料,并可制作虚拟洞窟供游客欣赏参观,为缓解石窟开发的压力、保护壁画,提供技术保障。

利用计算机技术,人们看到的虽然不是真品,但却可以有更多不同的体验。一个典型的例子是故宫博物院珍藏的《清明上河图》。该画作每两年只展出一周,这幅北宋时期的画作展出越频繁,褪色越厉害。现在去故宫博物院,可以去看数字化的《清明上河图》。加上触摸式界面,既有对画面的艺术讲解,又配有叫卖、说书等各种声音,不由得让人产生一种身临其境的美妙幻觉。

2. 虚拟展示

(1)酒店。可利用网络远程虚拟浏览酒店的外观、大厅、客房、会议厅等各项服务场所,展现酒店舒适的环境,完善的服务,给客户以实在感受,促使客户预订客房。

(2)景区。以优美的全景照片,显示景区内的优美景点,给旅游者以身临其境的感觉。可以用来制作风景区的介绍光盘,也可以作为旅游公司吸引游客的绝好工具。

3. 虚拟漫游

在单点展示的基础上,通过热点链接,让用户可以在一个场景与另一个场景之间自由切换,并可以结合电子地图开发更复杂的应用。

《虚拟紫禁城》是中国第一个在互联网上展现重要历史文化景点的虚拟世界。这座"紫禁城"用高分辨率、精细的三维建模技术虚拟出宫殿建筑、文物和人物,并设计了 6 条观众游览路线。《虚拟紫禁城》囊括了目前故宫所有对外开放的区域,为了营造尽可能真实可信的体验,技术人员通过与中国历史文化专家合作和对实际演员的真实动作进行动态捕捉,再现了一些皇家生活场景。

Google 博物馆是 Google 推出的"艺术项目"(Art Project)网站,与全球 17 家顶级博物馆合作,采用了 Google 街景地图(Street View)技术,提供在线虚拟游览体验,用户可以在网站上用 360 度的视角游览博物馆并观赏相关画作和艺术品。

这 17 座艺术博物馆包括纽约大都会艺术博物馆、伦敦国家美术馆、佛罗伦萨乌菲兹美术馆和巴黎凡尔赛宫等,每座博物馆的影像分辨率高达 70 亿像素。

4. 虚拟互动

虚拟技术特别是 AR 技术甚至可以成为让游客流连忘返的旅游项目。随着数码相机的普及,景区内代为拍照的服务已经很少有人问津了。如果借助 AR 技术,游客可以方便地和数据库中任何一天的这个景点拍照,这样在拥挤的雨天,也能拍出没有任何其他游客的晴空万里的照片。

(三)虚拟旅游应用展望

1.虚拟旅游不会取代旅游本身

虚拟旅游本身只是对实际旅游资源的一种表现形式,和旅游照片、视频等一样,会对游客产生一定的吸引力,但哪怕虚拟旅游做得再逼真,游客也不可能因此就不到实地旅游了。

相反,如果虚拟旅游应用不当,或是相关技术没有用好,可能导致游客看了虚拟旅游展示后反而对目的地景区失望了。

2.虚拟旅游应增强互动性

如果只是简单地用虚拟方式展示旅游风光,那虚拟展示甚至还不如拍摄精美的图片库和旅游宣传片。要把虚拟旅游和互联网互动的特征紧密结合,开发出能够强化用户印象、激发游客兴趣的互动功能。

目前,一些虚拟旅游网站和 GPS 设备厂家开展合作,把具有实景功能的电子地图内置到 GPS 中。驾驶者看到的不再是平面的电子地图,而是和实际场景非常接近的三维地图,可以在驾驶中更好地判断方向和路线了。

一些虚拟旅游场景还直接提供了在线预订的功能,不仅虚拟出了景区风光,还虚拟出了接待工作人员。用户感觉到好像真的有一个专门的工作人员在和自己进行交流,也会加强对目的地景区的亲切感。

中央电视塔官方网站(www. zydst. cn)的虚拟旅游“东南西北看北京”,把视角设置在中央电视塔的塔顶,并在视线所及之处标注了北京知名的建筑和其他景点,游客仿佛有一种俯瞰北京城的感觉。

3. 虚拟旅游可以作为旅游营销的重要手段

游戏内置广告(In-Game Advertising,IGA),是指游戏中出现的嵌入式商业广告。

由林登实验室(Linden Lab)开发的《第二人生》(*Second Life*)是全球最大的虚拟世界游戏,注册用户超过 600 万。《第二人生》于 2003 年推出,是一款以"合作、交融和开放"为特色的大型三维模拟现实网络游戏。在这个游戏中,每个人可以建立一个自己的虚拟"第二人生",与同在这个虚拟世界中的其他人发生各种各样的关系,实现自己在第一人生中没能实现的梦想。

菲律宾旅游部在《第二人生》游戏中,设置了一个虚拟岛屿以吸引年轻游客并鼓励他们来菲律宾旅游。游戏用户可以借助这个虚拟岛屿游览并探索众多的目的地。在这个岛上,游戏用户可以在索索贡省的 Donsol 河河口与鲸鲨一起虚拟潜水;也可以在以长滩岛的白色沙滩为模板设计的海滩上享受风帆冲浪的刺激;更可以飞到空中,俯瞰保和岛由 1268 个小山丘组成的充满传奇色彩的巧克力山;还可以前往菲律宾最活跃火山——马荣火山。菲律宾旅游部通过《第二人生》游戏开展这项活动的目的,不仅是为了展示一些菲律宾绚烂的旅游胜地,也是为了让更多的年轻人参与进来。

《第二人生》吸引了大量的品牌广告商入住,如可口可乐、宝马、耐克等现实中的企业通过在游戏中打标语、盖建筑、举办活动等和消费者互动,甚至有的还直接在里面贩卖自己品牌的虚拟物品。

HIPIHI 算得上是国内的《第二人生》,虽然在技术上也广受好评,但是用户量不是太大。显然国内用户对网络游戏更感兴趣,也有旅游景区看到了游戏内置场景的营销价值。

与《第二人生》不同,国内大部分游戏是武侠和奇幻题材,植入广告对游戏本身有一定损伤。例如,在长安古道上的药铺中销售某饮料显然过于牵强了,对游戏要求较高的玩家会认为这是一种破坏游戏的行为。但旅游景区就不会受此约束,甚至很多游戏已经在不经意间给旅游景区作了宣传。例如,网络游戏《霸者无双》实地考察 27 个风景名胜区,最后经由美工悉心挑选与描绘设计,所有场景均是在近百份设计手稿的基础上,采用先进的电脑画图,其中九寨沟、黄果树瀑布、敦煌莫高窟和乐山大佛等场景和现实景观相似度极高。

网络游戏《青城》以青城山、都江堰实际场景为游戏地图模板,打造出游戏中所构造的地点、装备及其相关氛围的实景。开发方表示,作为第一款"都江堰造"数字媒体产品,《青城》将传统旅游营销模式向当今年轻人群喜闻乐见的数字娱乐、网络消费方向升级、发展,对宣传景区、提升游客增量方面将起到积极作用。

不仅加入了青城山—都江堰旅游景区及传统道家文化背景,游戏中补充能量的食物还是都江堰最有名的水果——猕猴桃,把当地特色产品自然地融入游戏中。

《青城》游戏的主要场景都是以青城山—都江堰景区的真实场景为蓝图,由专业美术制作小组现场实地拍摄,然后进行后期的加工处理,尽可能地将这部分场景真实地还原出来,使玩家在游戏的过程中也能欣赏到青城山—都江堰景区的真实风光,从而促使他们进一步地了解青城山—都江堰景区。

盛大研发的格斗休闲网游《功夫小子》中,三星堆等四川旅游胜地被引入游戏并成为其中的场景。盛大方面表示,在成都研发的《功夫小子》肩负起了"成都文化寻根"的责任,希望通过这款游戏产品的运营,向成都本土、全国甚至全世界的青少年普及丰富的成都文化。

浙江遂昌飞石岭景区和 3D 网络游戏《大唐风云》合作,由游戏开发商为飞石岭专门开发一个三维的飞石岭虚拟世界,把整个飞石岭景点逼真地植入游戏之中,从而让游戏玩家通过互联网获得一种身临其境般的网络旅游的感受;而飞石岭的旅游者在体验过实地旅游后,也希望去尝试一下网络旅游带给他的新感觉,而且可以在游戏中输入飞石岭门票上的编号,享受游戏官方提供的各种优惠和奖励。

二、地理信息系统和电子地图

（一）何谓地理信息系统和电子地图

地理信息系统（Geographic Information System，简称 GIS）是在计算机硬、软件系统支持下，对整个或部分地球表层（包括大气层）空间中的有关地理分布数据进行采集、储存、管理、运算、分析、显示和描述的技术系统。

电子地图是地理信息系统在旅游领域最重要的应用。电子地图是利用计算机技术，以数字方式存储和查阅的地图。电子地图储存资讯的方法，一般使用向量式图像储存，地图比例可放大、缩小或旋转而不影响显示效果。

电子地图具有如下特点：

（1）可以快速存取显示。

（2）可以实现动画。

（3）可以将地图要素分层显示。

（4）利用虚拟现实技术将地图立体化、动态化，令用户有身临其境之感。

（5）利用数据传输技术可以将电子地图传输到其他地方。

（6）可以实现图上的长度、角度、面积等的自动化测量。

图层是在地理信息系统中由地图数字化形成的矢量数据存储的基本单元。图层存储了主要地理要素（如弧段、节点、多边形、标识点等）和次要要素（如图幅范围、连接以及注释等），是一组与主题相关的数据单元。通过图层的设定，可以实现如某城市景区分布电子地图、酒店分布电子地图等功能。

常用的网上电子地图包括 Google 地图（Google Maps）、百度地图、搜狗地图、Bing 地图、Soso 地图、Mapbac 等。

（二）如何选择电子地图服务

旅游行业对电子地图的运用主要有两种形式：一种是和本地

测绘部门合作建立旅游相关地图数据；另一种是利用现有的第三方电子地图服务商提供的接口获取电子地图数据并开发相关应用。

从实际应用情况来看，和本地测绘部门进行数据和技术的合作有一定的障碍。测绘部门的地图数据虽然更为精准，但是加载在地图上的商业信息量不够，如餐饮、娱乐场所的原有数据量难以满足旅游应用的需求。如果旅游局自己采集相关数据，则是一个极为庞大的工程，更不要说这些数据还经常更新变化了。

另外，测绘部门由于本身职能特点和技术限制，无法提供足够丰富的技术接口，所以往往造成虽然有地理信息和地图数据，但是却无法满足合作伙伴获取信息的技术要求。

第三方电子地图服务商的开放接口，很好地解决了上述问题。但选择用哪家的电子地图，需要注意以下方面的问题。

首先，要确认对方电子地图服务商具备相关资质。我国对电子地图服务商有明确的资质要求，必须取得国家测绘地理信息局颁发的"导航电子地图资质"才能对外提供电子地图服务。其次，要根据自身的应用开发需求，了解电子地图服务商是否能提供相关的技术接口。最后，电子地图接口的稳定性也非常重要。这一点对于 Google 地图来说算是硬伤，很多开发者都非常喜欢基于 Google 地图的开发应用，却又担心哪一天因为政策的原因 Google 地图不能访问会带来巨大损失。有的开发商已经尝试在应用中使用多地图接口，如果 Google 地图不能访问，可以快速切换到其他地图接口，而不需要对应用作任何调整。

（三）虚拟旅游和电子地图的结合

Google 地球（Google Earth）是 Google 公司开发的虚拟地球仪软件，它把卫星照片、航空照相和 GIS 布置在一个地球的三维模型上。Google Earth 于 2005 年向全球推出，被《PC 世界杂志》评为 2005 年全球 100 种最佳新产品之一。用户们可以通过一个下载到自己电脑上的客户端软件，免费浏览全球各地的高清晰度卫星图片。Google 地球分为免费版与专业版两种。

　　Google 街景,是 Google 地图的一项特色服务,是由专用街景车进行拍摄,然后把 360 度实景拍摄照片放在 Google 地图里供用户使用。2007 年 5 月 30 日,Google 正式推出街景功能,能够浏览美国旧金山、拉斯维加斯、纽约等城市街景。该范围已经扩展到美国、法国、西班牙、意大利、荷兰、英国、澳大利亚、新西兰、日本等 9 个国家的 135 个城市。现时中国网民已经能够在 Google 地图上观赏纽约街头的街景。

　　2010 年 5 月前,北京市公众版电子地图数据生产完成,并装载到北京市地图网。2010 年 12 月,北京市向国家测绘地理信息局提供了北京大学校区及中关村区域的高分辨率影像,作为天地图网站的影像资料。1 个月后,五环范围的 0.2 米分辨率影像也已提供给了中国测绘科技馆。

　　在三维数据方面,区县的图像数据基础模型也已经被"天地图·北京"制作团队所掌握,其中,西城、通州新城中心区的三维精细模型已经绘制完成,且西城区的三维精细模型已经通过审核,2.5 维的数据也已生产完毕。此外,房山区六环范围内的三维简体模型,通州全区、房山全区地形模型也已被纳入数据库。

　　具有自主知识产权的北京市地图网已于 2009 年 12 月上线,这将是天地图直通北京市的接入点。北京市地图网采集覆盖了北京市 16 个区县的基础地理信息数据,通过网站可查询市内主要建筑、道路、景区等相关地名信息。正在建设的内容包括本地搜索、周边查询、公交查询、北京历史、地图专线等。

　　根据天地图工作部的计划,"天地图·北京"服务中将包括面向公众的政务公示地理信息系统、北京历史文化信息系统、行业应用特色服务和公共旅游服务 4 个典型服务。

　　北京历史文化信息系统和公共旅游服务系统将全方位地还原北京市所有 5A 景区的视频原貌,人们可以通过互联网、移动互联网登录"天地图·北京"系统,一方面可以在线模拟旅游,另一方面可以查询景区的电话、开放时间、门票等实用旅游信息。其中,"天地图"手机版,支持安卓、苹果、微软移动等主流操作系统。

E都市的三维仿真技术没有把重点放在惟妙惟肖上,而是通过和电子地图的结合,让用户可以在地图上看到各种建筑的大致形状,更直观地发现目标。E都市网站无缝集成了城市电子地图、三维电子黄页、生活资讯、电子政务、同城电子商务、同城交友、虚拟社区等服务内容。

第五章　旅游电子商务电子支付

目前我国旅游电子商务企业已经逐步采用了各种形式的支付手段,电子支付是指消费者、商家和金融机构之间使用安全电子手段把支付信息通过信息网络安全地传送到银行或相应的处理机构,用来实现货币支付或资金流转的行为。

20世纪90年代,国际互联网迅速走向普及化,逐步从大学、科研机构走向企业和家庭,其功能也从信息共享演变为一种大众化的信息传播手段。通过使用因特网,既降低了成本,也造就了更多的商业机会,电子商务技术从而得以发展,使其逐步成为互联网应用的最大热点。为适应电子商务这一市场潮流,电子支付随之发展起来。

第一节　网上支付概述

一、网上支付的概念

网上支付(Internet Payment,也称为在线支付,即 Online Payment)主要是电子支付的一种具体形式。广义地讲,网上支付主要是以互联网为根本的基础,通过利用银行所支持的数字金融工具,在购买者和销售者之间进行相应的金融交换,从而最大程度上实现从购买者到金融机构和商家之间的在线货币支付、现金流转、资金清算、查询统计等过程,以此为电子商务服务和其他服务提供一定的金融支持。

二、网上支付系统的构成

对于网上支付而言,并不是一件简单的事情,通常需要多个要素的共同协作才能顺利完成，其具体构成如下。

（一）网络交易平台

网络交易平台是一个第三方的交易安全保障平台，主要作用是为了保障交易双方在网上进行交易的安全，诚信等问题。

交易双方可以将线下谈好的交易，搬到网上通过第三方的交易平台在网上进行交易；而网上交易更多的是客户通过在交易平台上找到自己所需要的产品，从而进行交易。

电子商务需要基于网络交易平台进一步进行相关的具体运作，而所谓的网络交易平台，又需要进一步对网络支付工具予以一定的支持，如电子支票、信用卡、电子现金等。

（二）电子商务交易主体

所谓的电子商务交易主体，实际上就是电子支付系统的主体。因为只要进行商务交易，必定需要相应的支付，具体而言，这个主体主要包括商品的买方和商品的卖方，通俗地也会称为是商家和客户。

（三）支付网关

支付网关主要是完成银行网络和因特网之间的通信和协议转换，进行数据的相关加解密，从而最大程度地保护银行内部网络安全的一组服务器，它是互联网公用网络平台和银行内部金融专用网络平台之间的重要安全接口。

一般而言，网上支付的信息必须通过支付网关处理后，才能进入银行内部的支付结算系统。

（四）银行系统

银行系统主要包括网络金融服务机构、商家银行和客户银行。客户银行又被称为发卡行，具体是指为客户提供资金账户和网络支付工具的银行，商家银行又被称为收单行，是指为商家专门提供资金账户的银行。

（五）认证中心

所谓的认证中心是指交易各方都信任的公正的第三方机构，当商家与用户进行网上交易时为各方颁发相应的电子证书。在发生交易行为时，进一步对电子证书和数字签名进行相关的验证。

（六）法律和诚信体系

通常来说，法律体系主要是由国家及国际的相关法律、法规予以一定的坚实支撑，而对于诚信体系而言，则是要合理依靠来自社会的共同促成并得以进行一定的维护。

三、网上支付的基本流程

图 5-1 针对网上支付的基本流程做了具体的描述。

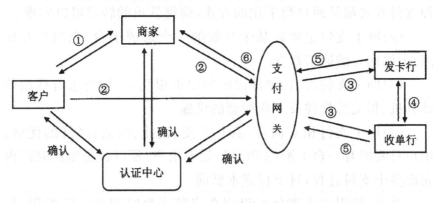

图 5-1　网上支付的基本流程

第一，支付开始。客户完成关于商品的相关订购，然后进入到支付环节，同时商家也会收到消息，知道客户已经完成了商品的订购。

第二，支付申请。商家将自己的账号发送给支付网关，同时客户将自己的账号，需要转移的资金额度，资金转入账号等信息发送给支付网关。

第三，申请转交。支付网关对客户和商家的信息进行真实性、完整性和一致性的检测。

第四，确认信息无误后，分别将信息传给商家银行和发卡银行。

第五，资金转移。客户银行向商家银行转移约定的款项，商家银行接收相应的款项，并相互确认。

第六，信息回馈。客户银行将资金已经转移的信息凭证发送给支付网关，商家银行则将收到资金转移的信息及凭证发送给支付网关。

第七，支付确认。支付网关将收到的资金转移信息提供给商家，商家接收到付款信息后，交付商品。

四、网上支付的特征

网上支付与传统的支付方式相比，具有以下明显的特征。

（1）网上支付是通过数字流转来完成相关的信息传输，其各种支付方式都是通过数字化的方式，使得款项的转移得以实现。

（2）网上支付主要是基于开放的一个系统平台，充当着互联网、无线网等的通信媒介。

（3）网上支付对软、硬件设施的要求很高，一般要求有联网的计算机、相关的软件及一些配套的设施。

（4）网上支付相对而言，具有方便、快捷、高效、经济的优势。用户只要拥有一台上网的 PC 机，足不出户，便可在很短的时间内完成整个支付过程，且支付成本低廉。

总之，使用网络支付可以完全突破来自时间和空间的限制，可以满足 24/7（每周 7 天，每天 24 小时）的工作模式，如此看来，其效率之高是传统支付望尘莫及的。

五、电子支付的发展历程

具体说来，电子支付主要经历了以下几个阶段，如图 5-2 所示。

图 5-2　电子支付的发展阶段

第一阶段：银行利用计算机对银行之间的业务进行相关的处理，进一步办理结算。

第二阶段：银行计算机与其他机构计算机之间进行资金结算，如代发工资、代收电话费等业务。

第三阶段：银行利用网络终端向消费者提供各项银行业务，如消费者在 ATM 机上进行存取款等操作。

第四阶段：利用银行销售终端向消费者提供自动扣款服务。

第五阶段：电子支付可随时随地通过 Internet 进行直接的转账结算，形成电子商务环境，即网上支付。

六、网上支付的要求

在进行网上支付的过程中，有几点要求是需要注意的，具体包括：

（1）信息保密性。与传统的支付方式相比，网上支付中的商务信息要具有更为严格的保密要求。

（2）交易者身份的确定性。因为通过网络相连，不能见面，所以很难直接确定对方的真实身份，而这就进一步需要网络系统能够提供方便而安全的确认对方身份的保障措施。

（3）不可否认性。由于商情始终都是处于瞬息万变之中的，所以交易一旦达成就不可否认，否则必然会导致交易一方的利益受损和交易市场出现紊乱的状况。

(4)不可修改性。如果支付细节是可以被修改的,那结果比可以否认还要严重,因此,支付细节必定是不可被随意进行修改的。

七、网上支付模式分析

依照不同的标准,在进一步进行网上支付的过程中,可以具体分为以下几种不同的类别。

(一)按开展电子商务的实体性质划分

1. B2C 型网上支付方式

主要用于企业与个人、个人与个人进行网络交易时使用的网络支付方式,如信用卡网络支付、IC 卡网络支付、数字现金支付、数字钱包支付及个人网络银行,其特点是灵活、简单,适用于较小金额的网络交易支付结算。

2. B2B 型网上支付方式

主要用于企业与企业、企业与政府部门进行网络交易时使用的网络支付方式,如电子支票网络支付、电子汇兑系统、国际电子支付系统 SWIFT 与 CHIPS、中国国家现代化支付系统、金融 EDI 以及最新的企业网络银行等。

B2B 型网上支付方式的主要特点就是安全性高,适用于较大金额的网络交易支付结算。

(二)按网上支付金额的规模划分

1. 微支付

微支付是指在互联网上,进行的一些小额的资金支付。这种支付机制有着特殊的系统要求,在满足一定安全性的前提下,要求有尽量少的信息传输,较低的管理和存储需求,即速度和效率要求比较高。这种支付形式就称为微支付。现在大家所说的微支付，主要是指微信支付。

在 Internet 应用中，经常会发生一些相对小额的资金支付，一般都少于 5 美元。例如，Web 站点为用户提供一些有偿的搜索服务、下载一段音乐、下载一篇文章等。

2. 消费者级网上支付

在进行经济交往过程中，满足个人消费者和商业（包括企业）部门一般性支付需要的支付系统，亦称作小额零售支付系统，通常满足价值大约在 5～500 美元之间的网络业务支付。例如，信用卡、小额电子支票等网络支付方式。

3. 商业级网上支付

凡是一些价值大于 500 美元的业务，通常表现为中大额资金转账系统，这是一个国家网络支付系统的主动脉。例如，金融 EDI、电子支票、中国国家现代化支付系统等。

（三）按支付数据流的内容性质划分

1. 指令传递型网上支付方式

支付指令是指启动支付的口头或书面命令。支付指令的用户从不真正地拥有货币，而是由本人指示金融中介机构转拨资金。指令传递型网络支付方式也是如此，常见的有银行转拨指令支付（含有电子资金转拨的 EFT、CHIPS、SWIFT 等、电子支票、网络银行等）、信用卡支付等。

2. 电子现金传递型网上支付方式

客户把银行发行的电子货币保存在一张卡（如智能卡）或其他储存介质中（如 PC 硬盘或手机记忆卡）的支付机制。常见的有智能卡支付、数字现金支付以及一些微支付等。

（四）按业务形态划分

如果按业务形态来划分的话，我国网上支付大体上又可分为：银行或银联的电子支付平台，第三方支付服务商的电子支付平台及企业内部自行建设的电子支付平台。

尽管有诸多的电子支付平台可以提供网上支付业务，但目前在我国的电子商务中，"网上交易、网下结算"仍占一定的比例。

第二节　网上支付工具

一、电子现金

电子现金（E-cash）又叫作数字现金（Digital Cash），是为电子商务开发的最早的支付系统之一。电子现金泛指现有的可以进行价值存储和价值交换的数字形式，可以有限地转化为其他的价值形式，需要由中介机构来完成这一转化过程。它是在银行电子化技术高度发达的基础上出现的一种无形货币，是支票和纸币之外流通的钱，是让使用者通过把一个数字从一台计算机传送到另一台计算机的方式为产品或服务付款的一连串经过加密处理的数据。

电子现金与真正的钞票上的序号一样，电子现金的号码是各不相同的，每个号码分别由某家银行发行并表示某特定数目的真实货币。例如，利用电子现金服务，顾客可以通过他们的信用卡或银行账户购买电子现金，这些电子现金能替用户保护隐私，就像我们平时用纸币那样，电子现金信息里不包括使用者的姓名、年龄等个人信息。

（一）电子现金的特点

（1）安全性。能对伪造和复制货币的行为进行及时的阻止。

（2）匿名性。电子现金数据里不包含使用者的姓名等个人信息。

（3）不可追踪性。用户的秘密能得到保护，用户和他购买对象之间的关系对任何人是不可追踪的。

（二）电子现金的存储形式

根据电子现金支付系统的不同，电子现金可以分为两种形式：硬盘数据文件形式的电子现金和 IC 卡形式的电子现金。

1. 智能（IC）卡形式的电子现金

一般而言，这种形式的电子现金是将货币金额数值存储在智能（IC）卡中，当从卡内支出货币或向卡内存入货币时，改写智能卡内的余额。其过程是启动浏览器，通过读卡器登录到开户银行，将卡上信息告知银行：用户从智能卡内下载电子现金到商家的账户上，或从银行账号下载现金存入卡中。

除了与银行账户之间的资金转移外，IC 卡的其余的转移操作均可独立完成，不用与银行发生任何联系，从而保证了其分散匿名性和离线操作性。智能卡形式电子现金可应用于多种用途，并且非常容易携带，具有信息存储、安全密码锁等功能，智能卡上存放的证书使持卡人的身份得到认证，并直接在每一次网上购物时签上客户的数字签名。

2. 硬盘数据文件形式的电子现金

这是一种需要软件支持的电子现金支付方式。它用一系列的加密子列数的计算机磁盘数据文件来代表现实中各种金额的纸币或辅币进行网上支付，具有多用途、使用灵活、匿名和快速简便等特点。

基于安全使用的考虑，客户、商家和电子现金的发行机构之间交换金融申请都有其自己的不同类型的协议。每个协议由服务器软件——电子现金支付系统与客户端的"数字钱包"软件执行。

因为硬盘数据文件电子现金容易被复制重复使用，所以要想保证电子现金的稀缺性和防伪性,电子现金的发行机构就必须采用安全技术措施使得任何其他个人或组织都无法制造(或复制)出这种数字信息文件。

硬盘数据型电子现金的真伪识别和重复使用识别需要银行的在线参与,从而削弱了它的离线处理特性。

3. 电子现金支付系统

(1)Mondex。Mondex 是英国最大的西敏银行和米德兰银行推出的智能卡型电子现金系统。Mondex 系统中,预先在智能卡中载入币值,然后可以在零售场合花费。利用芯片中的微处理器,智能卡本身能执行支付控制程序和芯片间的传输协议,从而实现币值从一张 Mondex 芯片向另一张芯片转移支付。

Mondex 系统业务流程如下所述。

首先,客户以银行存款申请兑换 Mondex 电子现金,发卡行受理后向客户发放载有等额币值的智能卡或向其智能卡中充等额币值。这一过程可利用 Mondex ATM 或专用的联网设备终端,并用卡片间的协议进行对话。

其次,持卡人可持卡向自己开户行中的银行账户进行存款和取款,账户金额与卡内金额是此消彼长的关系。

再次,持卡人可持卡向商家支付货款,商家利用"币值转移终端"的设备与持卡人的 Mondex 卡建立通信(在网上或网下皆可),并促成币值的转移。其间完全不用银行的参与,由 Mondex 卡的读写设备自行检测卡的真伪。

最后,持卡人可持卡与另一持卡人进行币值的转移(网上或网下皆可)。通过"Mondex 钱包"这一设备来完成转移。若为网下,付款人可将卡插入"钱包"中,将卡内一定数额的币值移入数字钱包的存储器芯片中,然后再由收款人插入自己的 Mondex 卡,将数字钱包中保存的币值再移入自己的卡中。若为网上支付,则通过双方专用的卡读写器,直接在双方的卡之间建立通信,将付款人卡中一定数额的币值转移到收款人的卡中。

而接收到 Mondex 电子现金的任何一方,包括持卡人的开户行、商家和其他个人,以及持卡人自己,都可以向发卡行请求兑换 Mondex 卡内的余额,将电子现金兑换成传统的实体现金。

对于 Mondex 系统来说,具有良好的匿名性、离线操作性,与实体现金的使用十分相似。1995 年 7 月,Mondex 系统在伦敦以西 120 公里、有着 18 万市民的斯温登小镇开始试行,从超级市场到大街小巷的杂货铺,从地铁、汽车站到停车场,从报亭到银行等,该镇的人们只要把 Mondex 智能卡片插入电子收款机,既不需要在收据单上签字,也不需要等待用计算机或电话来核准,就可以把存在卡里的"钱"从一个账户转到另一个账户。

若要向 Mondex 卡中存款,只需要把 Mondex 卡插到带有插卡接口的电话里,然后拨通开户银行,输入卡片密码和存入钱数,存款就完成了。英国电信公司为方便市民,在斯温登安装了 300 部 Mondex 卡兼容电话,各参与试验的商店和超级市场也安装了 1000 部,后来还投放了一部分有"电子现金"接口的移动电话。现在 Mondex 的足迹已遍及欧美、澳洲以及亚洲等地,越来越多的人体验到了电子现金的便利。

(2)E-cash。E-cash 是美国 DigiCash 公司于 1996 年开发的电子现金支付系统,采用的是硬盘数据文件的形式,其最大特点是只用软件便可实现电子货币交易。只要有与网络相连接的个人计算机,无须专门的卡,都可使用这种电子现金。

E-cash 支付系统流程如下所述。

首先,顾客用现金或存款申请兑换 E-cash 现金,E-cash 银行为客户设立特殊账户,随后客户便可以通过联机方式从 E-cash 银行兑付 E-cash 现金,存入自己的计算机硬盘中,以便用于支付。

在具体的操作中,首先由客户专门用于创建电子现金的软件创建 E-cash,对每个电子现金产生一个顺序号,然后在使用前传送到 E-cash 银行以获得授权,E-cash 银行根据客户账户进行授权。其中采用到"盲签字"技术,即 E-cash 银行在完全不知其顺序号的情况下进行签字授权,而签字授权后的电子现金又能显现其顺序号,以便在使用中确定其唯一性。就这样,E-cash 系统实现了电子现金的完全匿名性。

其次,客户用授权后的 E-cash 现金进行支付,电子现金便通过网络转移到商家。商家在收到 E-cash 现金之后,随后联机向 E-cash 银行验证真伪,以及是否复制过,在得到肯定回复之后,商家接受这次 E-cash 支付。

最后,商家将收到的 E-cash 现金向 E-cash 银行申请兑付,E-cash 银行将 E-cash 现金收回,保留其顺序号以备以后检查已使用过的 E-cash 现金是否被复制多次并重复使用,再将等额的货币存入商家的银行账户中。

在 E-cash 系统中,电子现金只能使用一次便被"销毁",系统正是通过这种方法保证电子现金的防伪性,克服数据文件型电子现金易被复制的弱点,即使在个人对个人的支付中,也是通过 E-cash 银行"销毁"支付者的 E-cash 现金,又产生等量的新 E-cash 现金给收款人来实现的。

目前来看,电子现金系统除 Mondex、E-cash 外,具有影响的还有 NetCash、CyberCoin 等。

二、电子支票支付系统

所谓的电子支票,又称为数字支票,是一个经付款人私钥加密的写有相关信息的电子文件,它由客户计算机内的专用软件生成,一般来说,应该具体包括支付数据(支付人、支付金额、支付起因等)、支票数据(出票人、收款人、付款人、到期日等)、客户的数字签名、CA 证书、开户行证明文件等内容。

由于支票是银行见票即付的票据,因此开出支票的事先授权十分重要。在电子支票系统中,客户开户行的授权证明文件就应是电子支票的重要内容。电子支票系统提供发出支票、处理支票的网上服务,是现有支票和银行基础设施的一个延续。付款人向收款人发出电子支票以抵付货款,收款人用此电子支票向银行背书以启动支付,经认证的合法电子支票在支付过程中就作为将存款从付款人账户转入收款人账户的确认依据。这是一种付款人启动支付的模式，大量的电子支票还可以经票据交换所进行清算，即通过票据交换组织，互相抵消各自应收应付的票据金额，然后进行最终金额的转账。

在某种程度上来说，电子支票是一种电子支票或数字支票支付系统。一些比较简单的数字支票系统主要用于个人的电子支付和拍卖网站的账户偿付。数字支票支付系统有很多优点：

（1）在处理拍卖业务时，不需要消费者把账户信息透露给他人；

（2）不需要消费者在网上不断发送敏感的财务信息；

（3）对于商家来说，使用成本比信用卡低；

（4）比传统纸质支票的处理速度快得多。

表 5-1 列举了一些应用非常广泛的数字支票支付系统。

表 5-1　常用的数字支票支付系统

系统名称	推出时间/介绍
eCheck	1998 年，由 15 家银行、政府机构和技术公司组成的联盟（Echeck.org），是一种安全的电子支票系统，需要使用数字钱包
Achex Inc	1999 年，一种简单的支票延伸系统，不需要使用数字钱包
Bill Point Electronic Checks	2000 年，是 eBay 推出的在线数字支票的产品，只能在 eBay 上使用，不需要数字钱包

实际上 Achex 是一种最简单的数字支票系统，这是一种在个人之间进行资金划转的小型对等网络支付机制。用户在 Achex 上开设一个账户，并提交一个自己用来偿付支票的传统支票账号。一旦该账户得到证实，Achex 的用户就可以付款给那些拥有电子邮件地址并有合法支票账户可以接收资金转入的人了。用户用登录名和密码或个人识别码访问自己的 Achex 账户。接收方会收到一封电子邮件，通知他资金已经到位，并要求他提供一个有效的支票账号来接收转入的资金。随后 Achex 会把资金划转到接收者的支票账户上。这项服务对消费者是免费的，不过商

家需要支付处理费用,大约是信用卡处理价格的一半。

而 eCheck 是一个较为复杂的系统。一个由银行、政府机构和技术企业组成的联盟,从 1996 年起开始制订一个有关电子支票的计划。这种电子支票使用公钥加密方式,而且不需要第三方来进行资金的划转。其目标就是要全部取代纸质支票,并把目前在大机构间已有的电子资金转账功能延伸到所有的商业企业甚至消费者之间。

电子支票交易的支付流程可分为以下几个步骤:第一,消费者和商家达成购销协议并选择用电子支票支付。第二,消费者通过网络向商家发出电子支票,同时向银行发出付款通知单。第三,商家通过验证中心对消费者提供的电子支票进行验证,验证无误后将电子支票送交银行索付。第四,银行在商家索付时,通过验证中心对消费者提供的电子支票进行相关的验证,验证无误后即向商家兑付或转账。

不仅如此,目前,无线设备的使用已呈现一种爆发的趋势,而且还不断地有新的产品和服务相继推出。从移动电话到寻呼机和个人数字助理(PDA),无线设备刺激了为其提供支持的新兴网站的发展。其中一个具有潜在利益的领域就是金融服务行业,具体来说包括股票交易和资金转账。

三、数字信用卡支付系统

游客最熟悉的支付工具就是信用卡,当然,现在信用卡也是网上支付方式中采用最广泛的一种支付工具。

数字信用卡支付系统(Digital Credit Card Payment System)在很大程度上进一步扩展了现有的信用卡功能,使其成为网上购物的支付工具。数字信用卡支付系统特别关注的是如何使信用卡为商家和消费者带来更多安全和便利,寻求为商家解决信用卡在进行网上支付时的一些缺陷,其中包括缺乏认证、拒绝付费以及信用卡欺诈等,以及努力消除消费者对于信用卡使用的担忧。表 5-2 有针对性地列举了国际通用的数字信用卡支付系统。

表 5-2　国际通用的数字信用卡支付系统

系统名称	系统推出时间,系统介绍
eCharge Credit	1997 年,eCharge 系统可以让消费者使用信用卡账户为网上交易付费,使用时需要下载数字钱包
Bill Point Online Payments	1995/1998 年,是 eBay、WellsFaro 和 Visa 进入对等网络支付系统的入口,BillPoint 允许 eBay 上卖方在没有商家账户的情况下接受买方的信用卡支付,不需要使用数字钱包

对于 eCharge 而言,它其实是一个数字信用卡支付系统,它使用的是基于客户的数字钱包,具体流程如下。

第一步,消费者需要先注册一个 eCharge 账户,通过用 SSL 加密的安全连接向 eCharge 发送个人和信用卡账户信息;第二步,eCharge 在批准了消费者的相关申请之后,就下载一个数字钱包到消费者的计算机上;第三步,消费者选择 eCharge 支付选项,可以在网上从接受 eCharge 的合作商家那里购买商品;第四步,eCharge 通过审核商家和消费者的数字证书进一步来验证双方的身份;第五步,eCharge 再向消费者的开户行审核消费者的账户和余额情况;第六步,对交易授权。每个月消费者均可使用已有的信用卡或者借记卡账户、任意的银行账户或者 eCharge Phone 或任何电话公司的账单系统以电子方式支付账单。

根据上述 eCharge 申请、认证等流程,可以总结出信用卡支付的一般流程。在网上信用卡购买过程中包括 5 个参与方:消费者、商家、清算所、商家银行(有时也称"收单行")以及消费者所持信用卡的发卡行。为了能够接受信用卡的支付,在线商家必须在银行或者金融机构开立一个商家账户。商家账户实际上就是一个简单的银行账户,企业可以通过该账户处理信用卡支付并接受来自这些交易的资金。

信用卡的具体支付方法主要如下所述。

(1)顾客或购物者到信用卡发行处开户并申请账号。

(2)向商家服务器提供信用卡账号。

（3）商家服务器到业务服务器中认证信用卡信息。

（4）业务服务器确认后到银行或金融机构进行扣款处理,并返回到商家服务器。

（5）商家服务器得到扣款通知书后,通知商家发货并交给顾客。

目前看来,我国基于借记卡的在线支付体系,是结合我国信用卡自身特点发展起来的安全支付体系,从安全性、买卖双方的风险、管理制度上都是严格、有效而可靠的。由于我国居民储蓄卡及储蓄账户的高普及性,信用卡支付体系作为我国电子商务资金流解决方案的最基本层面,有着广阔的客户基础和市场接纳度,使得最基本的在线交易的需求得以满足。

我国基于借记卡的在线支付具体流程如下:

第一,游客从商家网站发出支付指令,通过商家、支付平台到达银行,在这一过程中,信息通过 SHTTP、SSL 安全协议加密,以此来保证支付信息传输的安全。

第二,游客被转到银行页面,游客在银行页面里输入敏感信息（账户及密码）,从而完成网上支付操作。

四、数字钱包

所谓的数字钱包（Digital Wallets）,又进一步被称为是电子钱包（E-Wallet）,是一个供使用者进行 SET 安全电子交易并储存交易记录的软件。使用者只要安装了数字钱包软件,就可以将电子现金、电子支票、信用卡等多个支付工具添加到电子钱包里。

在进行网上结算时,只要从数字钱包中选择某种支付工具就可以在 SET 安全电子交易协议的保护下完成支付行为。利用数字证书或者其他加密手段来验证消费者的身份,存储和转移价值,并保障从消费者到商家的支付过程的安全,是数字钱包具有的一个非常显著的特点。

在电子商务活动中,顾客购物常用的一种支付工具就是数字钱包,是在小额购物或购买小商品时常用的新式钱包。

（一）数字钱包的功能

数字钱包最重要的功能主要包括：

（1）利用数字证书或者其他加密手段来验证消费者的身份；

（2）存储和转移价值；

（3）保障从消费者到商家的支付过程的安全。

除此之外，数字钱包还可以对常规的信用卡、数字现金、数字信用卡以及数字支票等支付手段提供一定的支持，在最大程度上给消费者提供便利并降低交易成本。

（二）数字钱包的类型

目前，数字钱包主要有两种不同的类型。它们分别是基于客户的数字钱包和基于服务器的数字钱包。

1. 基于客户的数字钱包

基于客户的数字钱包，如 Gator. com 和 Master Card Wallet，是一种可以安装在客户计算机上的应用软件，通过自动填写网上商店的表单来给消费者提供便利。

当然，商家在自己的服务器上安装了相应软件来便于接收来自基于客户的数字钱包信息。当消费者点击了合作商家网站上的相应按钮时，商家服务器就从消费者的浏览器查询来自消费者数字钱包的信息。

2. 基于服务器的数字钱包

基于服务器的数字钱包（Server-based Digital Wallets），如微软公司的 Passport，是基于软件的身份验证和支付服务产品，其销售对象是那些把系统直接卖给商家，或是把系统作为其向商家提供的金融一揽子服务的一部分的金融机构。基于服务器的数字钱包的经销商可以提供技术服务（处理支付必需的基础设施）和数字钱包两种服务。

一般来说,基于服务器的数字钱包为在线商家提供了一种产品或服务,使之可以处理网上消费者支付的所有工作,并能降低交易成本,降低吸引及留住客户的成本,建立起有一定品牌知名度的网上支付服务。

在 Internet 这样的公共网络平台上应用数字钱包进行网络支付,需要参与各方,包括客户、商家以及银行安装相应的数字钱包服务软件,中间还涉及第三方 CA 认证机构的参与。

(三)使用数字钱包的前期工作

在进行使用数字钱包之前,需要做好前期的准备工作,具体而言,主要包括以下三个方面。

(1)客户到数字钱包支持银行申请一张相应信用卡,且在银行网站通过网络下载得到对应的数字钱包软件;支持数字钱包的网上商家也申请并且安装对应的数字钱包服务器端软件。

(2)当客户在客户端安装了相应的数字钱包软件后,就需要在此基础上对其数字钱包的用户名与密码进行一定程度的相关设置,这样做的目的就是能够进一步保证数字钱包的授权使用。

(3)当客户往自己的数字钱包里添加了对应的信用卡之后,当然也可以是电子现金、电子支票等其他电子货币,就需要相应的进行申请并且安装关于信用卡的数字证书。

(四)数字钱包的支付流程

一般来说,数字钱包的支付流程具体包括:
(1)顾客使用计算机通过 Internet 连接商家网站;
(2)顾客确认订单后,利用数字钱包进行网络支付;
(3)如果经发卡行确认后拒绝且不予授权,那么就进一步说明客户从数字钱包中取出的这张信用卡里的钱不够用了,客户可以再从数字钱包里取出另一张信用卡或者使用另外一种电子货币,进行相关的支付;
(4)发卡行证明信用卡有效且经客户授权后,通过专用网络将资金从顾客信用卡转移至商家收单银行的账号里，完成支付结算，并且回复商家与客户；

(5)顾客数字钱包里记录整个交易过程中发生往来的数据。

第三节　网络银行

网络银行(E-Bank)，通常又称为网上银行、在线银行、电子银行或虚拟银行，具体是指银行通过互联网向客户提供开户、销户、查询、对账、行内转账、跨行转账、信贷、网上证券、投资理财等传统服务项目，使客户可以足不出户就能够安全便捷地管理活期和定期存款、支票、信用卡及个人投资等。

可以说，网络银行是传统银行在 Internet 上的一种虚拟柜台，是实行电子支付至关重要的基础设施。在互联网高速发展的今天，网络银行以其无极限的优势，影响和改变着传统银行的面貌和业务模式。1995 年，全球第一家虚拟银行——安全第一网络银行(Security First Network Bank，SFNB)诞生于美国。

1997 年，我国招商银行在中国推出了网络银行，随后，工行、建行、农行也纷纷推出网络银行。如今，在西方，85%以上的银行已经或正准备开通网络银行；在中国，全国性主要商业银行也已经开通了网络银行，而且大多数银行均相当重视其网络银行业务。

一、网络银行的优势与安全问题

(一)网络银行的优势

具体来说，网络银行比实体银行具有以下几方面的优势。

第一，交易成本低。建立网络银行无须设立分支机构，不必建造大量固定房舍并雇用大批人力。实体银行网点每一笔交易所需的费用为 1.07 美元，电话银行为 0.45 美元，ATM 自助银行为 0.27 美元，而网络银行每笔交易的成本只有 0.01 美元。

第二，网络银行可以在一定程度上突破来自时间、空间的限制，随时随地提供 3A 服务，使得银行工作效率有所提高。

第三，对于金融产品的相关创新是有利的。由于网络银行节约了一定的营运成本、进一步提高了工作效率，这就可以使银行专心于新产品的相关设计，加速了金融创新。

第四，能够为客户提供方便。客户可以不必亲自去银行办理业务，只要能够上网，无论在家里、办公室，还是在旅途中，都能够每天 24 小时安全便捷地管理自己的资产，或者办理查询、转账、缴费等银行业务。

从业务的具体品种来看，各银行网络银行业务已覆盖账户查询、转账、理财、缴费、发放工资与购物支付等多方面。简单来说，此前必须在银行网点实现的交易现通过网络银行基本都可实现。

由此可见，网络银行有着非常明显的优越性，一方面，客户可以通过互联网方便地使用银行核心业务服务，进而完成各种非现金交易；另一方面，由于互联网是一个开放的网络，银行交易服务器是网上的公开站点，网络银行系统也使银行内部网向互联网敞开了大门，因此，网络银行安全问题的解决方式就进一步显得尤为关键。

（二）网络银行的安全问题

一般来说，人们经常会担心的网络银行安全问题，主要包含以下四个方面：

第一，银行交易系统被非法入侵。第二，信息通过网络传输的过程中被窃取或遭到篡改。第三，交易双方的身份真伪识别。第四，银行账号被他人盗用。

为了能够解决网络银行的安全问题，切实保障网络银行的安全运行，各个网络银行都采取了多种严密的安全措施。

（三）网络安全对于网络银行发展的重要性

网络安全发展到现阶段为止，不仅局限于网络交易安全，而且还在于网络信息安全。即网络用户在利用网络银行进行交易的过程中能否保证资金准确地进行收支,能否顺利地实现投资与收益,能否快捷地实现网络支付等,而且在网络交易过程中还要保证用户的信息安全,是否足够的保密,能否被不法分子获取而利用。

所以说,网络安全问题不仅是网络银行发展的一种重要保证,而且还是网络银行发展的重要阻碍。如果网络银行的网络安全能够获得足够的保证,那么就会吸引更多的用户使用网络银行,保证网络银行业的正常发展。如果网络银行的网络安全不能得到保证,一方面会影响网络用户的信任,从而造成网络银行的发展困难;另一方面网络银行自身也会因为网络安全问题而出现故障,造成网络银行系统出现故障。

二、网络银行的安全对策

网络银行的安全对策有很多,除了设置防火墙、高安全级的服务器、认证机制等之外,现阶段 VPN 这一虚拟网络远程访问技术是发展和完善网络银行的必由之路,因为 VPN 技术包括隧道协议技术、加密技术、认证技术以及存取控制等方面的优势,能够实现私有隧道通信,确保用户的信息安全,保证网络银行的正常运行与发展。

（一）设立防火墙,隔离相关网络

为了保障网络银行的安全,一般都会采用多重防火墙方案,其作用为:合理地分隔互联网与交易服务器,最大程度防止互联网用户的非法入侵;用于交易服务器与银行内部网的分隔,有效保护银行内部网,同时防止内部网对交易服务器的入侵。

（二）使用高安全级的 Web 应用服务器

使用服务器的时候,应该慎重选择,最好使用可信的专用操作系统,凭借其独特的体系结构和安全检查,保证只有合法用户的交易请求,才能通过特定的代理程序送至应用服务器进行后续处理。除此之外,还应该采用 24 小时实时安全监控。

(三)通过宣传增强客户的安全意识

关于银行卡持有人的安全意识,也属于网络银行安全性的不可忽视的一个重要因素。

除此之外,近年出现了移动银行。移动银行也称为手机银行,是银行推出的个性化增值服务。它将客户的手机号码与银行卡账号进行绑定,用户可通过手机短信和语音的方式随时随地进行账户查询、转账及缴费等个人理财服务。目前国内几大银行都开通了此项业务。

(四)采用身份识别和 CA 认证机制

由于进行网上交易的时候,不是处于面对面的情形,客户可以在任何时间、任何地点发出相关的请求,传统的身份识别方法通常是靠用户名和登录密码对用户的身份进行认证。但是,用户的密码在登录时以明文的方式在网络上进行传输,这一过程很容易被攻击者截获,进而可以假冒用户的身份,身份认证机制就会被攻破。

在网络银行系统中,用户的身份认证依靠基于"RSA 公钥密码体制"的加密机制、数字签名机制和用户登录密码的多重保证。银行对用户的数字签名和登录密码进行检验,全部通过后才能确认该用户的身份。用户的唯一身份标识就是银行签发的"数字证书"。用户的登录密码以密文的方式进行传输,确保了身份认证的安全可靠性。

数字证书的引入,同时实现了用户对银行交易网站的身份认证,以保证访问的是真实的银行网站,另外还确保了客户提交的交易指令的不可否认性。由于数字证书的唯一性和重要性,各家银行为开展网上业务都成立了 CA 认证机构,专门负责签发和管理数字证书,并进行网上身份审核。

2000 年 6 月,由中国人民银行牵头,12 家商业银行联合共建的中国金融认证中心(CFCA)正式挂牌运营,这标志着中国电子商务进入了银行安全支付的新阶段。中国金融认证中心作为一个权威的、可信赖的、公正的第三方信任机构,为今后实现跨行交易提供了身份认证基础。

(五)加强网络通信的安全性

互联网属于开放性的网络,客户在网上传输的敏感信息(如密码、交易指令等)在通信过程中存在被截获、被破译、被篡改的可能,为了防止这种情况发生,网络银行系统通常采用加密传输交易信息的措施,使用最广泛的是 SSL 数据加密协议。

所谓的 SSL(安全套接层协议)是由 Netscape 首先研制开发出来的,其首要目的是在两个通信间提供秘密而可靠的连接,目前大部分 Web 服务器和浏览器都支持此协议。用户登录并通过身份认证之后,用户和服务方之间在网络上传输的所有数据全部用会话密钥加密,直到用户退出系统为止,而且每次会话所使用的加密密钥都是随机产生的。

这样一来,攻击者就不可能从网络上的数据流中得到任何有用的信息。SSL 协议的加密密钥长度与其加密强度有直接关系,一般是 40～128 位。目前,建设银行等已经采用有效密钥长度128 位的高强度予以一定程度的加密。

(六)VPN 技术

1.VPN 技术的分类

(1)隧道协议技术。隧道协议技术即将信息进行封装之后来进行的信息传递技术,简单地说就是在信息发出地进行封装,当信息到达信息接收地之后去掉封装,将信息还原成原始信息。这一过程中的封装技术就相当于建立的接收地与发出地之间的专有隧道一样,隧道协议技术又包括两种,即端对端隧道技术以及点对点隧道技术。

端对端隧道技术是指将用户的个人电脑覆盖到用户所处的服务器之中,这样每一个端点的 VPN 设备都能够对于隧道的建立与资料加密进行负责,确保信息安全。

点对点隧道技术是指将不同地区的局域网进行连接的技术。在这一过程中,局域网在内部传送资料时不会对资料进行任何的操作,但如果想要传送到网络外围环境或者其他的局域网络中,这些材料才会被加密并且经由隧道来传送到下一个相对应的节点设备。当节点获取信息资料之后,VPN 设备就会将资料进行解封并且还原,然后再在局域网络内部进行传递。

(2)加密技术。VPN 设备目前可以支持市面上主流的集中加密技术,包括但不限于 Rives Cipher 技术、DES 技术以及 Triple-DES 技术等。其中,对于密钥长度的选择主要依据资料的机密程度以及资料所用过的局域网络安全性等因素。如果 VPN 采用了加密技术之后,系统必须为用户提供密钥或者获取密钥的方法。目前最为常见的密钥管理技术主要是点对点协议(PPP)中的加密控制协议(ECP)、具备密钥管理功能的点对点加密技术(MPPE)等技术。如果资料过于敏感,VPN 设备还会通过增加硬件来对模块进行加密。

(3)认证技术。所谓的 VPN 认证技术,主要包括密码认证协议(PAP)、挑战性握手验证协议(CHAP)以及 Microsoft CHAP 的支持能力。认证技术一般也包括两种形式的认证。

第一种,用户身份认证。在建立 VPN 连接之前,VPN 设备会首先对用户的身份信息进行检验,从而保证发出信息的用户是合法的授权用户,如果在认证过程中选择了双向认证,还要检验 VPN 设备是否为授权的 VPN 设备服务器,从而防止非法的服务器来提供或者获取信息。

第二种,数据完整性与合法性认证。在进行数据传输之前,VPN 设备会对于数据的来源进行认证,并且在传输的过程中检验信息是否经过非法篡改。而且 VPN 链路中的数据具有密码认证功能,密钥只属于数据发出者与数据接收者双方所有。

(4)控制技术。当 VPN 设备确认用户之后,就会对每一个用户来进行不同的全新认证,用户如果想要控制或者发送信息就必须接受身份信息的检验,并且要接受程序的认知,这样才能够最大程度保证设备清楚地了解信息发出者以及用户能够具有什么样的权限。

2.VPN 隧道通信私有化

(1)封装通用路由器。为了实现隧道通信的私有化,首先应该使路由器封装技术,即为 IP 数据包添加 IP 头,然后对于数据进行私有化包装,进一步传送到其他局域网络。这样做的原因在于银行私有网络通常有着自己所规划的地址,所以无法与外部的互联网建立路由关系。

(2)点对点隧道协议。通过点对点隧道协议的建立,能够将数据包与控制包进行分离,这样一来数据包采用 TCP 控制,实现状态查询以及信令信息功能。首先要将数据包封装在 PPP 协议内,然后再封装到 GRE 协议中。

(3)VPN 技术在网络银行中的应用。VPN 的核心是隧道技术,隧道的设置非常灵活。在点对点隧道中,远程客户的设备向网络银行申请隧道,再由两边的设备建立隧道并负责其之间数据的加密和解密;在端对端隧道中,隧道主要连接到两端的局域网,过程中数据包传递必须要通过一系列隧道,并由客户和网络银行两端的防火墙等网络边缘设备负责其安全。

网络银行通过 VPN 网络中的远程拨入用户安全服务器对访问用户进行权限控制。在客户进行访问时,该服务器先确认客户是否有存取权限,同时向被访问设备发送客户 IP 地址分配、用户最常接入时间等信息对客户进行验证,若信息完全相符,就允许建立隧道,否则隧道就会终止。

网络银行通过附加了提高安全性标准协议的 IPSec VPN 技术对数据进行加密、认证客户身份。IPSec 包含了用户身份认证、查验和数据完整性等内容,具有安全性高、可靠性高以及可灵活扩展等优点,实现了可移动用户的网络互联,为银行更多的业务需要提供了技术保障。

在银行与其分行之间建立 VPN 隧道,形成银行自有的信息传输系统,利用互联网加强与客户之间的联系,为客户提供更多服务。既保证了安全性,又节省了开支,加快信息传递,提高流程效率,提升了银行的核心竞争力。

总而言之,网络银行在不断发展的过程中已经成为广大网民必需的网络技术,不仅表现在网络银行具有最全面、最集中、最突出的包容形式,而且也代表着银行未来的发展方向。但是,在实际的运行过程中无论是国际还是国内,网络安全对于网络银行的安全威胁都是无时无刻的,要想解决网络银行的网络安全工作,就要充分利用 VPN 网络技术,从而实现网络银行安全稳定的发展。

第四节　第三方支付和移动支付

一、第三方支付

(一)第三方支付概述

1. 第三方支付的概念

对于传统的银行支付方式而言,它们只具备简单的资金转移功能,并不能对交易双方进行约束和监督,另外,银行的支付手段也比较单一,交易双方只能通过银行指定的界面进行资金划拨和汇款,在整个交易过程中商品质量、商品退换和交易诚信都无法得到可靠的保证,因此,交易欺诈现象时有发生,为了能够有效解决这些问题,第三方网络支付平台应运而生。

所谓的第三方支付,具体是指买卖双方和银行不直接进行财务往来,而是通过可信的第三方平台完成支付流程。第三方支付平台独立于买家、商家和银行之外,具有相对良好的信誉和支持能力,能够进一步保障客户和银行信息的安全传递。

目前来看,第三方支付平台在双方的交易过程中,主要充当信用中介,进行交易资金的托管,买方选购商品后,使用第三方平台提供的账户进行货款支付,由第三方通知卖家货款到达、进行发货;交易的买方确认商品已经送达并验明无误后,第三方平台再将货款转交给卖方商家。PayPal、支付宝、财付通等是目前运行的第三方支付平台。

2. 第三方支付的优势

传统的交易模式中,如果买方或卖方在一方已经履行合约的前提下,单方面推迟或拒绝支付双方约定的款项或商品,那么将直接或间接地造成另一交易方的经济损失。中立的第三方支付平台采用预付款的交易方式,买方将货款先预付给第三方平台托管,买卖双方交易完毕,确定合乎双方要求,再由中立第三方平台将货款支付卖方商家。这对商家和消费者有着双向财产保护能力,有效限制了电子交易中的欺诈行为。第三方支付平台不参与买卖双方的具体业务,具有公信度。

第三方支付在很大程度上使得用户信息的安全性得以有效提高。在第三方支付模式中,买方通过第三方平台提供的账户进行货款支付,第三方再将款项转至卖家账户中。在这个交易流程中,商家看不到客户的信用卡信息,同时又避免了信用卡信息在网络上进行公开传输,这就进一步减少了信用卡信息泄露的风险。

不仅如此,第三方支付平台的优势还在于多渠道、多业务、多银行,可与银行签订合作协议,实现多家银行的交易直通服务。把众多的银行和银行卡整合到一个页面,方便了网上客户,使得交易成本也有一定程度的降低。

3. 第三方支付的劣势

(1)风险问题。在电子支付流程中,资金都会在第三方支付服务商处滞留即出现所谓的资金沉淀,如缺乏有效的流动性管理,则可能存在资金安全和支付的风险。同时,第三方支付机构开立支付结算账户,先代收买家的款项,然后付款给卖家,这实际已突破了现有诸多特许经营的限制,它们可能为非法转移资金和套现提供便利,因此形成潜在的金融风险。

(2)电子支付经营资格的认知、保护和发展问题。第三方支付结算属于支付清算组织提供的非银行类金融业务,银行将以牌照的形式提高门槛。因此,对于那些从事金融业务的第三方支付公司来说,面临的挑战不仅仅是如何盈利,更重要的是能否拿到将要发出的第三方支付业务牌照。

(3)业务革新问题。因为支付服务客观上提供了金融业务扩展和金融增值服务,其业务范围必须要明确并且要大胆推行革新。到目前为止,全球拥有手机的人多于拥有电脑的人,相对于单纯的网上支付,移动支付领域将有更大的作为。所以第三方支付能否趁此机遇改进自己的业务模式,将决定第三方支付最终能否走出困境,获得发展。

(4)恶性竞争问题。电子支付行业存在损害支付服务甚至给电子商务行业发展带来负面冲击的恶意竞争的问题。国内的专业电子支付公司已经超过 40 家,而且多数支付公司与银行之间采用纯技术网关接入服务,这种支付网关模式容易造成市场严重同质化,也挑起了支付公司之间激烈的价格战。由此直接导致了这一行业"利润削减快过市场增长",在中国,惯用的价格营销策略让电子支付行业吞下了利润被摊薄的苦果。

(二)第三方支付应用

综合来看,第三方支付市场上的经营模式主要有三种:第一种是依附于某些电子商务业务而产生,将支付和相应的电子商务业务紧密地结合在一起,如支付宝和淘宝网、PayPal 和易趣、财付通和拍拍网都是这样的类型;第二种则是与银行开展合作,培育市场,如中国邮储银行推出的在线支付业务——网汇通;最后一种是专业经营的第三方支付平台公司,如快钱、网银在线等。

1. PayPal

最早的第三方支付平台之一 PayPal(https://www.Paypal.com)在国内的中文名称叫贝宝,主要成立于 1998 年,总部在美国加利福尼亚州的圣何塞,于 2002 年由 eBay 收购。PayPal 提供的服务包括通过信用卡、银行账户、买家信用或账户余额付款。通过 PayPal 提供的跨地区、跨币种和跨语言的付款服务,用户可以在全球范围内开展电子商务。

它将用户的信用卡账号与其 E-mail 地址绑定,使网上用户只需要通过 E-mail 地址便可以安全、便捷地收付款。2005 年 PayPal 进入中国,在上海建立其全球第 14 个本地化网站"贝宝"。

通过 PayPal 支付货款给商家或者收款人,可以分为以下几个步骤:

(1)付款人使用一个电子邮件地址开设 PayPal 账户,通过验证成为其用户。并提供信用卡或者相关银行资料,将一定数额的款项从其开户时登记的账户转移至 PayPal 账户下。

(2)当付款人启动向第三人付款程序时,必须先进入 PayPal 账户,指定汇出的金额,并提供收款人的电子邮件账号给 PayPal。

(3)PayPal 向商家或者收款人发出电子邮件,通知其有等待领取或转账的款项。

(4)如果商家或者收款人也是 PayPal 用户,其决定接收后,付款人所指定之款项即移转给收款人。

(5)如果商家或者收款人没有 PayPal 账户,收款人得按 PayPal 电子邮件内容指示注册一个 PayPal 账户,收款人可以选择将获取款项的转移方式,如收款人可以选择将取得的款项转换成支票寄到指定的处所、转入其个人的信用卡账户或者转入另一银行账户。

2. 支付宝

支付宝(https://www.alipay.tom)是浙江支付宝网络科技

有限公司开发的独立第三方支付平台,由阿里巴巴集团创办。2003 年,淘宝网推出了支付宝业务;2004 年,阿里巴巴集团创办支付宝公司。目前,支付宝跨境业务已覆盖 32 个国家和地区,支持包括英镑、港币、美元等十二种货币。支付宝最初只是作为淘宝网公司为了解决网络交易安全所设的一个功能,该功能使用的是第三方担保交易模式。

支付宝的支付流程是:

支付宝的基本支付原理类似于 PayPal,首先用户须拥有一个私人邮件地址,经过注册流程,将其作为支付宝的账号。然后填写个人的真实信息,接受"支付宝服务协议"后,利用注册邮箱中的激活链接激活支付宝的账号,就可以通过支付宝进行网上支付。可以通过支付宝的账号支付,或通过网络银行支付,也可以通过支付宝支付。支付宝的付款方式有两种:一种为"先验货,再付款"的担保服务,另一种为"即时到账"的服务方式。

"先验货,再付款"担保服务方式遵循下列的流程:

(1)买卖双方在达成付款的意向后,由买方将款项划至其在支付宝账户(实质上是支付宝公司在银行的账户)。

(2)支付宝通知卖家发货,卖家发货给买家,买家在确认收货以后再通知支付宝。

(3)支付宝将货款划至卖家在支付宝上的账户。

"即时到账"的服务方式,主要指的是交易双方可以不经过确认收货和发货的流程,买家通过支付宝立即付款给卖家。一旦客户选择该付款方式后,款项马上到达对方的支付宝账户。"即时到账"的服务方式规定收款方必须为实名认证的会员。

二、移动支付

在移动商务出现之后,移动运营商和银行合作推出了一项新业务——移动支付。所谓的移动支付,就是手机用户只需要简单地发送短信或者直接用手机上网,就可以为自己购物、缴费。

当然,在进一步使用移动支付服务的过程中,需携带相关证件到移动运营商处申请注册,并在用户手机 SIM 卡与用户本人的银行卡账号之间建立一一对应的关系。银联的系统内建立起以手机号码为标识的手机钱包后,便可以使用移动支付的服务。

在支持移动支付的网站中,每件商品都有一个编号,用户选购后,按照网站的购物提示,把相关信息(商品编号以及手机钱包密码)通过短信方式发送给指定的电话号码,即可进行相关的支付。系统会自动从用户的"手机钱包"中扣除相应款项。

"手机钱包"内的数额,由用户从自己的银行卡中划入,用户只需拨打一个指定电话号码,选择手机钱包充值,就可按语音提示进行划账操作。每个手机钱包都有一个密码,用户进行消费时,需以此密码验证身份,由此保证手机消费的安全性。

需要注意的是,使用手机支付业务的用户必须拥有支持银联的银行卡和特定电信运营商的手机服务,还要保证"手机钱包"内有一定余额。当余额不足时,须充值方可顺利完成下一个交易,手机购物流程如图 5-3 所示。

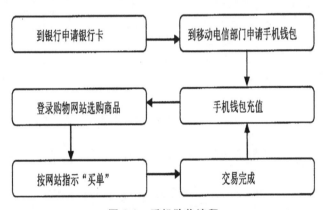

图 5-3 手机购物流程

近年来,在智能手机的不断普及应用之下,手机在线支付日益得到重视,各主流网上支付服务提供商、银行及运营商都在加大对手机在线支付的投入。目前,虽然手机在线支付尚处于初期阶段,但整体已经显示出了快速的发展势头,2017 年达到 5.27 亿,较 2016 年底增加 5783 万人,年增长率为 12.3%,使用比例达 70.0%,如图 5-4 所示。

图 5-4　2012—2017 年中国手机网上支付用户规模及使用情况

据中商产业研究院大数据库整理,2011—2017 年手机网上支付用户快速发展。随着智能手机的推广和普及,PC 端用户逐渐向移动端倾斜,预计手机网上用户将进一步增长。

第六章　旅游电子商务安全技术和保障体系建设

旅游电子商务是一个社会与技术相结合的综合系统,安全性是一个多层次、多方位的系统概念,它不仅与计算机系统结构有关,还与旅游电子商务应用的环境、人员素质和社会因素有关,包括电子商务系统的硬件安全、软件安全、运行安全、电子商务安全立法等。

第一节　旅游电子商务的安全需求

一、信息的保密性

信息的保密性是指信息在传输或存储过程中不能被他人窃取的特性。因此,信息需要采用一定的加密技术等安全保障措施。例如,信用卡号和密码在网上传输时,如果非持卡人从网上拦截并知道了这些信息,他就可以用这个卡号和密码在网上消费。因此,电子商务交易必须对要保密的信息进行加密和保护,再通过网络进行传输。

二、信息的完整性

信息的完整性是从信息存储和传输两个方面实现的。在存储信息时,要防止非法篡改和破坏网站上的信息。在传输信息过程中,接收方收到的信息要与发送方发送的信息完全一致,使得信息在传输过程中不遭受破坏。尽管信息在传输过程中被加了密,能保证第三方看不到真正的信息,但并不能保证信息不被修改。例如,如果发送的信用卡号码是"123456",接收方收到的却是"12345",这样,信息的完整性就遭到了破坏。

三、信息的不可否认性

信息的不可否认性又称抗抵赖性,采用这种机制,人们就不能否认自己发送信息的行为和内容,即信息的发送方不能否认已发送的信息,接收方不能否认已收到的信息。例如,买方向卖方订购旅游商品,订购时市场的价格较低,收到订单时价格却上涨了,如果卖方否认收到订单的时间,甚至否认收到订单,那么买方就会受到损失。在电子商务环境下,可以通过数字证书机制使用数字签名和时间戳,从而保证信息的抗抵赖性。

四、信息的可认证性

信息的可认证性,主要是对交易者所发出信息真实性的验证,而交易者身份的真实性就成为其所发信息真实性的关键。因此,在电子商务交易中,首先要保障交易双方确实是存在的,不是假冒的。由于网络交易的虚拟性,交易双方互不了解,要使交易成功,必须互相信任,确认对方是真实的。其次要保证双方所发出的信息都是其真实意愿的表达,信息是经过认证的,不是虚构的。

五、信息的有效性

信息的有效性是在具有不确定性并存在信息不对称的市场上,精准地揭示信息以满足信息需求者需求的程度。电子商务以电子形式的贸易信息取代了纸张式的贸易信息,如何保证这种电子形式的贸易信息的有效性是开展电子商务的前提。电子商务作为贸易的一种形式,其信息的有效性将直接关系到交易信息的可操作性。因此,要对网络故障、操作错误、应用程序错误、硬件故障、系统软件错误及计算机病毒所产生的潜在威胁加以控制和预防,以保证电子商务贸易数据在确定的时刻、确定的地点是有效的。

第二节　旅游电子商务安全技术和安全协议

一、旅游电子商务安全技术

(一)密钥加密技术

密码技术,如加密和数字签名,是旅游电子商务的安全服务实施中重要的组成部分。密码技术中最基本的部分是加密系统或加密算法。加密算法定义了一对数据的转换过程,称为加密和解密。加密技术的原理是利用一定的加密算法,将明文转换成密文,阻止非法用户理解原始数据,从而确保数据的保密性。明文变为密文的过程称为加密,由密文还原为明文的过程称为解密,加密和解密的规则称为密码算法。在加密和解密的过程中,由加密者和解密者使用的加解密可变参数叫作密钥。

目前,获得广泛应用的两种加密技术是对称密钥加密系统和非对称密钥加密系统。它们的主要区别在于加密和解密所使用的密码是否相同。

1. 对称密钥加密系统

对称密钥加密,又称私钥加密,即信息的发送方和接收方用一个密钥去加密和解密数据,如图 6-1 所示。它的最大优势是加密、解密速度快,适合于对大数据量进行加密,但密钥管理困难。使用对称加密技术将简化加密的处理,每个参与方都不必彼此研究和交换专用设备的加密算法,而是采用相同的加密算法并只交换共享的专用密钥。如果进行通信的双方能够确保专用密钥在密钥交换阶段未曾泄露,那么机密性和报文完整性就可以通过使用对称密钥加密方法对机密信息进行加密,以及通过随报文一起发送报文摘要或报文散列值来实现。

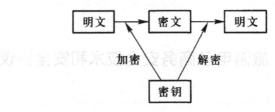

图 6-1　对称密钥加密、解密示意图

对称密钥加密使用 DES(Data Encryption Standard)算法,该算法于 1977 年由美国国家标准局提出为联邦标准,1981 年被采纳为金融业标准,是目前被广泛采用的对称密钥加密方式之一。

2. 非对称密钥加密系统

非对称密钥加密系统,又称公开密钥加密系统,是在 1976 年由斯坦福大学的 Whitfield Diffie 和 Martin Hellman 提出来的。与对称密钥加密系统相比,非对称密钥加密系统需要使用一对密钥来分别完成加密和解密操作,一个公开发布,即公开密钥;另一个由用户自己秘密保存,即私用密钥,如图 6-2 所示。信息发送者用公开密钥去加密,而信息接收者则用私用密钥去解密。公钥机制灵活,但加密和解密速度比对称密钥加密、解密慢得多。

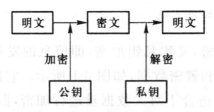

图 6-2　非对称密钥加密、解密示意图

在非对称加密体系中,密钥被分解为一对。这对密钥中的任何一把都可作为公开密钥(加密密钥)通过非保密方式向他人公开,而另一把则作为私用密钥(解密密钥)加以保存。私用密钥只能由生成密钥对的贸易方掌握,公开密钥可广泛发布。

公钥密钥加密实现信息交换的过程是：贸易方 A 生成一对密钥并将其中的一把作为公开密钥向其他贸易方公开；得到该公开密钥的贸易方 B 使用该密钥对信息进行加密后再发送给贸易方 A；贸易方 A 再用自己保存的另一把专用密钥对加密信息进行解密。

RSA 算法是一种可逆的非对称密钥加密系统，它是用它的三位发明者——麻省理工学院（MIT）的 Ron Rivest、Adi Shamir 和 Len Adleman 的姓的第一个字母来命名的算法，是非对称加密领域内最为著名的算法。它的主要问题是算法的运算速度较慢。因此，在实际的应用中通常不采用这一算法对信息量大的信息（如大的 EDI 交易）进行加密。对于加密量大的应用，公开密钥加密算法通常用于对称加密方法密钥的加密。

（二）数字指纹

数字指纹也称信息摘要，是 Ron Rivest 发明的一种单向加密算法。数字指纹的使用过程如图 6-3 所示，其加密结果是不能解密的，通常采用此加密技术来实现信息的完整性验证。该加密技术是从原文中通过 Hash 算法得到一个有固定长度（128 位）的散列值，不同的原文产生的摘要并不相同，相同的原文产生的摘要必定相同，因此信息摘要类似于人的"指纹"，可以通过"指纹"去鉴别原文的真伪。

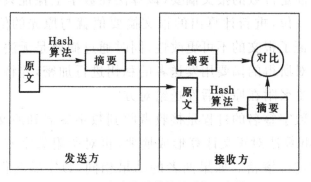

图 6-3　数字指纹的使用过程示意图

（三）数字签名

数字签名是非对称密钥加密技术的应用。它的主要方式是报文的发送方从报文文本中生成一个 128 位的散列值（或报文摘要）。发送方用自己的私用密钥对这个散列值进行加密来形成发送方的数字签名。然后，这个数字签名将作为报文的附件和报文一起发送给报文的接收方。报文的接收方首先从接收到的原始报文中计算出 128 位的散列值（或报文摘要），接着再用发送方的公开密钥来对报文附加的数字签名进行解密。如果两个散列值相同，那么接收方就能确认该数字签名是发送方的。通过数字签名能够实现对原始报文的鉴别和不可抵赖性。数字签名的过程如图 6-4 所示。

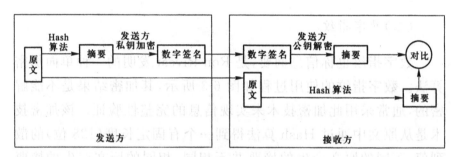

图 6-4　数字签名的过程示意图

数字签名的产生过程是将原文按双方约定的 Hash 算法计算得到一个固定位数的报文摘要（该算法在数学上保证只要改动报文中任何一位，重新计算出的报文摘要值就与原先的值不相符，这样就保证了报文的不可更改性，同时通过摘要是无法获得原文的），然后对所得的摘要用发送者的私钥进行加密，并将加密结果作为数字签名附在原文后发送给对方。

检验数字签名的过程是接收者收到数字签名和原文后，用同样的 Hash 算法对正文计算形成摘要，再对所附数字签名用发送者的公钥进行解密。如果两者的结果相同，数字签名得到验证，说明报文确实来自约定的发送者；否则，无法通过对数字签名的检验——因为相应的私钥只有该原文声明者拥有，而只有用该私钥加密才能获得可由相应公钥正确解密的结果。

数字签名的作用是保证信息的完整性和不可否认性。

(1)数字签名解密后得到的摘要与用 Hash 函数处理原文后得到的摘要应该相同,否则,表示原文已被修改或有丢失。

(2)能够用公钥解密的数字签名只可能由发送者的私钥产生,所以签名者无法否认自己的签名;接收方也无法伪造发送方的签名。因此数字签名可作为信息发、收双方对某些有争议信息的法律依据。

数字签名与手书签名的区别是:手书签名是模拟的,因人而异;数字签名是数字的(0 和 1 的数字串),因信息而异。

数字签名和数字加密的区别是:数字签名和数字加密的过程虽然都使用公开密钥体系,但实现的过程正好相反,使用的密钥对也不同。数字签名使用的是发送方的密钥对,发送方用自己的私有密钥进行加密,接收方用发送方的公开密钥进行解密,这是一个一对多的关系,任何拥有发送方公开密钥的人都可以验证数字签名的正确性。数字加密则使用的是接收方的密钥对,这是多对一的关系,任何知道接收方公开密钥的人都可以向接收方发送加密信息,只有唯一拥有接收方私有密钥的人才能对信息解密。另外,数字签名只采用了非对称密钥加密算法,它能保证发送信息的完整性、身份认证和不可否认性,而数字加密采用了对称密钥加密算法和非对称密钥加密算法相结合的方法,它能保证发送信息的保密性。

（四）数字信封

数字信封结合非对称密钥加密技术的灵活性和对称密钥加密技术的高效性,实现信息传输的保密性。在数字信封中,信息发送方采用对称密钥来加密原文信息,然后将此对称密钥用接收方的公开密钥来加密(这部分称为数字信封)之后,将它和密文信息一起发送给接收方,接收方先用相应的私有密钥打开数字信封,得到对称密钥,然后使用对称密钥解开密文信息。数字信封技术如图 6-5 所示。

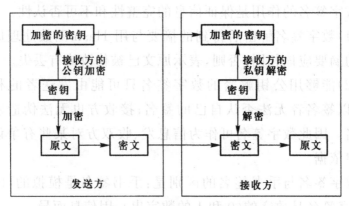

图 6-5　数字信封技术示意图

（五）数字时间戳

数字时间戳（Digital Time-Stamp，DTS）服务是网络安全服务项目，由专门的机构提供。在书面合同中，文件签署的日期和签名一样，均是防止文件被伪造和篡改的关键性内容，而在电子交易中，同样需对交易文件的日期和时间信息采取安全措施，数字时间戳就是用于证明电子文件发表时间的。数字时间戳的获得过程如图 6-6 所示。

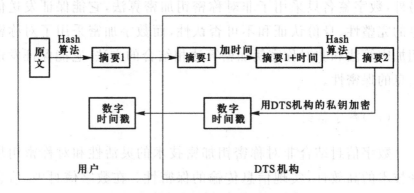

图 6-6　数字时间戳的获得过程示意图

需要数字时间戳的用户首先将文件用 Hash 算法加密得到摘要，然后将摘要发送到提供数字时间戳服务的专门机构——DTS机构。

时间戳是一个经加密而形成的凭证文档,它包括三个部分:需加时间戳的文件的摘要、DTS 收到文件的日期和时间、DTS 的数字签名。获得数字时间戳的用户可以将数字时间戳发送给自己的商业伙伴以证明信息的发送时间。

(六)数字证书和认证中心(CA)

1. 数字证书

数字证书(Digital Certificate 或 Digital ID)是一段包含用户身份信息、用户公钥信息以及身份验证机构数字签名的一系列数据,用来在网络应用中识别通信各方的身份,其作用类似于现实生活中的身份证。在数字证书所包含的数据中,身份验证机构的数字签名可以确保证书信息的真实性,用户公钥信息可以保证数字信息传输的完整性,用户的数字签名可以保证数字信息的不可否认性。

数字证书由大家都信任的授权机构颁发,是各类终端实体和最终用户在网上进行信息交流及商务活动的身份证明,在电子交易的各个环节,交易的各方都需验证对方数字证书的有效性,从而解决相互间的信任问题。

数字证书采用公开密码密钥体系,即利用一对互相匹配的密钥进行加密、解密。每个用户自己设定一把特定的仅为本人所知的私有密钥,用它进行解密和签名。当发送一份保密文件时,发送方使用接收方的公钥对数据加密,而接收方则使用自己的私钥解密,这样信息就可以安全无误地到达目的地了。图 6-7 所示为中国民生银行的数字证书及证书内容。

一个标准的 X.509 数字证书通常包含以下一些内容:

(1)证书的版本信息;

(2)证书的序列号,每个证书都有唯一的证书序列号;

(3)证书所使用的签名算法;

(4)证书的发行机构名称,命名规则一般采用 X.500 格式;

（5）证书的有效期，现在通用的证书一般采用 UTC 时间格式，它的计时范围为 1950～2049；

（6）证书拥有者的名称，命名规则一般采用 X.500 格式；

（7）证书拥有者的公开密钥；

（8）证书发行者对证书的签名。

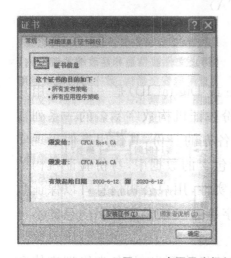

图 6-7　中国民生银行数字证书及证书内容

2. 认证中心

在电子交易中，无论是数字时间戳服务还是数字证书的发放，都不是靠交易双方自己能完成的，而是需要有一个具有权威性和公正性的第三方来完成，这个大家都信任的第三方就是我们称为"认证中心（Certificate Authority，CA）"的机构，该机构提供网上安全交易认证服务，能受理数字证书的申请，签发数字证书，对数字证书进行管理和确认用户身份。

顾客向 CA 申请证书时，可提交自己的驾驶执照、身份证或护照，CA 验证通过后，颁发证书给顾客。CA 在创建证书的时候，CA 系统首先获取用户的请求信息，其中包括用户公钥（公钥一般由用户端产生，如电子邮件程序或浏览器等）。CA 将根据用户的请求信息产生证书，并用自己的私钥对证书进行签名。其他用户、应用程序或实体将使用 CA 的公钥对证书进行验证。如果一个 CA 系统是可信的,则验证证书的用户可以确信,他所验证的证书中的公钥属于证书所代表的那个实体。CA 还负责维护和发布证书废除列表 CRL(Certificate Revocation Lists,又称证书黑名单)。当一个证书,特别是其中的公钥因为其他原因无效时(不是因为到期),CRL 提供了一种通知用户和其他应用的中心管理方式。CA 系统生成 CRL 以后,要么是放到 LDAP 服务器中供用户查询或下载,要么是放置在 Web 服务器的合适位置,以页面超级链接的方式供用户直接查询或下载。

在网络通信时,通过 CA 签发的数字证书可以证实双方的身份,如果对签发证书的 CA 本身有怀疑,可以由签发该 CA 证书的 CA 机构验证 CA 的身份,这样逐级认证,一直到公认的权威 CA,形成一种树形验证结构,最权威的 CA 称为根 CA。例如,某商家的证书是由海南省电子商务认证中心(HNCA)签发的,而 HNCA 的证书是由中国南方电子商务中心(Southern Electronic Business Center Class B CA)签发的,这样构成的树形结构如图 6-8 所示,由 HNCA 和 HBECA(湖北电子商务认证中心)签发的证书1～证书 4,最终都由中国南方电子商务中心认证。

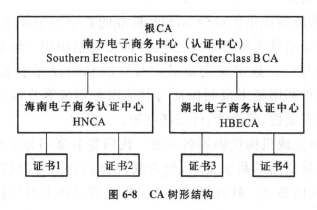

图 6-8　CA 树形结构

3. 数字证书的类型

从数字证书使用对象的角度分,目前的数字证书类型主要包括:个人身份证书,企业或机构身份证书,支付网关证书,服务器证书,企业或机构代码签名证书,安全电子邮件证书,个人代码签名证书。

(1)个人身份证书。符合 X.509 标准的数字安全证书,证书中包含个人身份信息和个人的公钥,用于标识证书持有人的个人身份。数字安全证书和对应的私钥存储于 E-key 中,用于个人在网上进行的合同签订、订单、录入审核、操作权限、支付信息等活动中标明身份。

(2)企业或机构身份证书。符合 X.509 标准的数字安全证书,证书中包含企业信息和企业的公钥,用于标识证书持有企业的身份。数字安全证书和对应的私钥存储于 E-key 或 IC 卡中,可以用于企业在电子商务方面的对外活动,如合同签订、网上证券交易、交易支付信息等方面。

(3)支付网关证书。支付网关证书是证书签发中心针对支付网关签发的数字证书,是支付网关实现数据加、解密的主要工具,用于数字签名和信息加密。支付网关证书仅用于支付网关提供的服务(Internet 上各种安全协议与银行现有网络数据格式的转换)。支付网关证书只能在有效状态下使用。支付网关证书不可被申请者转让。

(4)服务器证书。符合 X.509 标准的数字安全证书,证书中包含服务器信息和服务器的公钥,在网络通信中用于标识和验证服务器的身份。数字安全证书和对应的私钥存储于 E-key 中。服务器软件利用证书机制保证与其他服务器或客户端通信时双方身份的真实性、安全性、可信任度等。

(5)企业或机构代码签名证书。代码签名证书是 CA 中心签发给软件提供商的数字证书,包含软件提供商的身份信息、公钥及 CWCA 的签名。软件提供商使用代码签名证书对软件进行签名后放到 Internet 上,当用户在 Internet 上下载该软件时,将会得到提示,从而可以确信:软件的来源;软件自签名后到下载前没有遭到修改或破坏。代码签名证书可以对 .exe、.cab、.ocx、.class 等程序和文件进行签名。

(6)安全电子邮件证书。符合 X.509 标准的数字安全证书,通过 IE 或 Netscape 申请,用 IE 申请的证书存储于 Windows 的注册表中,用 Netscape 申请的证书存储于个人用户目录下的文件中。用于安全电子邮件或向需要客户验证的 Web 服务器(https 服务)表明身份。

(7)个人代码签名证书。个人代码签名证书是 CA 中心签发给软件提供者的数字证书,包含软件提供个人的身份信息、公钥及 CWCA 的签名。软件提供者使用代码签名证书对软件进行签名后放到 Internet 上,当用户在 Internet 上下载该软件时,将会得到提示,从而可以确信:软件的来源;软件自签名后到下载前没有遭到修改或破坏。代码签名证书可以对 .exe、.cab、.ocx、.class 等程序和文件进行签名。

4. 数据加密、身份认证流程

如上所述,在数字证书所包含的数据中,身份验证机构的数字签名可以确保证书信息的真实性,用户公钥信息可以保证数字信息传输的完整性,用户的数字签名可以保证数字信息的不可否认性。下面说明数字证书是如何实现电子商务的保密性、完整性、不可否认性、真实身份的确定性的。把数据加密技术和认证中心的身份认证技术结合起来,就解决了电子商务的安全性问题。

数据加密解密、身份认证流程为:

(1)A 用户先用 Hash 算法对发送信息(即"明文")进行运算,形成"信息摘要",并用自己的私人密钥对其加密,从而形成数字签名。

(2)A 用户再把数字签名及自己的数字证书附在明文后面。

(3)A 用户用随机产生的对称密钥(DES 密钥)对明文进行加密,形成密文。

(4)为了安全地把 A 用户随机产生的对称密钥送达 B 用户,A 用户用 B 用户的公开密钥对其进行加密,形成数字信封。这样 A 用户最后把密文和数字信封一起发送给 B 用户。

(5)B用户收到 A 用户传来的密文与数字信封后,先用自己的私有密钥对数字信封进行解密,从而获得 A 用户的 DES 密钥,再用该密钥对密文进行解密,继而得到明文、A 用户的数字签名及用户的数字证书。

(6)为了确保"明文"的完整性,B用户把明文用 Hash 算法对明文进行运算,形成"信息摘要"。

(7)同时 B 用户把 A 用户的数字签名用 A 用户的公开密钥进行解密,从而形成另一"信息摘要 1"。

(8)B用户把"信息摘要"与"信息摘要 1"进行比较,若一致,说明收到的"明文"没有被修改过。

5. 证书存放方式

数字证书可以存放在计算机的硬盘、随身软盘、IC 卡或 CUP 卡中。

(1)用户数字证书在计算机硬盘中存放时,使用方便,但存放证书的 PC 必须受到安全保护,否则一旦被攻击,证书就有可能被盗用。

(2)使用软盘保存证书,被窃取的可能性有所降低,但软盘容易损坏。一旦损坏,证书将无法使用。

(3)在 IC 卡中存放证书是一种使用较为广泛的方式。因为 IC 卡的成本较低,本身不易被损坏。但使用 IC 卡加密时,用户的密钥会出卡,造成安全隐患。

(4)使用 CUP 卡存放证书时,用户的证书等安全信息被加密存放在 CUP 卡中,无法被盗用。在进行加密的过程中,密钥可以不出卡,安全级别最高,但相对来说,成本较高。

6. 防火墙技术

(1)防火墙的基本概念。企业内部网 Intranet 是企业电子商务系统的一个重要组成部分。Intranet 与 Internet 连接后,方便了企业内部与外部的信息交流,工作效率得到提高。但同时,也产生了不安全因素。为了达到既要与外界沟通,又要保护信息和网络平台安全的目的,就要在被保护的内部网与外部网之间设置一道屏障,以防止发生不可预测的、潜在的破坏性的入侵。所有内部网和外部网之间的链接都要经过这一保护层。这一保护屏障就被称为防火墙(Firewall)。确切地讲,防火墙是指一个由软件和硬件设备组合而成,在 Intranet 和 Internet 之间的界面上构筑的一道保护屏障,用于加强内部网络和公共网络之间的安全防范。防火墙构造示意如图 6-9 所示。

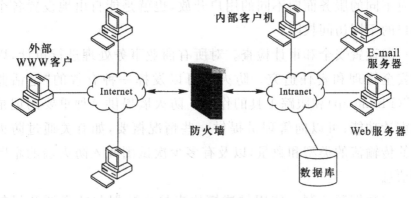

图 6-9　防火墙构造示意图

(2)防火墙的作用、安全控制策略及其功能。防火墙的作用是限制 Internet 用户对内部网络的访问以及管理内部用户访问外界的权限。防火墙的安全控制策略就是在网络之间执行访问控制策略。实现防火墙的实际方式各不相同,但是在原则上,防火墙可以被认为是这样一对机制:一种机制是拦阻传输流通行,另一种机制是允许传输流通过。即凡是没有被列为允许访问的服务都是被禁止的;凡是没有被列为禁止访问的服务都是被允许的。

(3)防火墙的功能。①过滤不安全服务。防火墙只允许特定的服务通过,其余信息流一概不许通过,从而保护网络免受除特定服务之外的任何攻击。确保电子商务系统平台不受到入侵。防火墙封锁所有信息流,然后对希望提供的服务逐项开放(如HTTP、POP3、FTP 等服务)。对不安全的服务或可能有安全隐患的服务一律关闭。这是一种非常有效、实用的方法，可以造成一种十分安全的环境，因为只有经过仔细挑选的服务才能允许用户使用。

②过滤非法用户和访问特殊站点。确保所有电子商务应用都是授权访问。保护关键部门不受到来自内部或外部的攻击。防火墙应先允许所有的用户和站点对内部网络的访问，然后网络管理员按照 IP 地址对未授权的用户或不信任的站点进行逐项屏蔽。这种方法构成了一种更为灵活的应用环境，网络管理员可以针对不同的服务面向不同的用户开放，也就是能自由地设置各个用户的不同访问权限。

③设置安全和审计检查。对所有商业事务处理进行审计，以便安全管理和责任追究。防火墙可以发挥一种有效的"电话监听"(Phonetap)和跟踪工具的作用。防火墙提供一种重要的记录和审计功能；可以向管理员提供一些情况概要，如有关通过防火墙的传输流的类型和数量，以及有多少次试图闯入防火墙的企图等信息。

④数据源控制。使用过滤模块来检查数据包的来源和目的地，根据管理员的规定来决定接收还是拒绝该数据包。

⑤应用与数据包级控制。扫描数据包的内容，查找与应用相关的数据。在网络层对数据包进行模式检查。

⑥对私有数据的加密支持。保证通过 Internet 进行的 VPN 和商务活动不受损坏。

⑦使用授权控制。客户端认证只允许指定的用户访问内部网或选择服务。

⑧反欺骗。欺骗是从外部获取网络访问权的常用手段，它使数据包好似来自网络内部，电子商务系统的防火墙应监视这样的数据包并能扔掉它们。

(4)防火墙的局限性。第一，不能防范来自内部的攻击。第二，不能真正防止人为因素的攻击，如口令泄露、用户错误操作等。第三，不能有效地防范受病毒感染的软件或文件的传输。在网络上传输二进制文件的编码方式太多了,并且有太多的不同的结构和病毒,因此不可能查找所有的病毒。第四,不能防止数据驱动式的攻击,即通过将某些表面看来无害的数据邮寄或复制到内部主机中,然后它再在内部主机中运行而造成的攻击。

二、电子商务的安全协议与标准

(一)安全套接层协议

安全套接层协议 SSL(Secure Sockets Layer)最初是由 Netscape 公司设计开发的,随后将其提交给 IETF 进行标准化,形成 IETF 的规范。SSL 是目前应用最广泛、最普遍的安全协议。尽管 SSL 主要被认为是一种安全协议,但从技术上来讲,它实际上是插入在 Internet TCP 协议栈中的一个全新的协议层。它主要用于保护任何位于 TCP 之上的应用协议的通信。SSL 协议的概念可以被概括为:它是一个保证任何安装了安全套接层的客户和服务器之间事务安全的协议,该协议向基于 TCP/IP 的客户机/服务器应用程序提供了客户端和服务器的鉴别、数据完整性及信息机密性等安全措施。目的是为用户提供 Internet 和企业内联网的安全通信服务。SSL 在企业内部网和公共 Internet 上广泛运用,被许多先进厂商的客户机/服务器所支持,其中包括 Netscape、Microsoft、IBM、Spyglass 和 Open Market。SSL 还被一些公共域产品所支持,如 Apache-SSL。

SSL 采用了公开密钥和专有密钥两种加密方式:在建立连接过程中采用公开密钥;在会话过程中使用专有密钥。加密的类型和强度则通过在两端之间建立连接的过程来判断决定。它保证了客户和服务器之间事务的安全性。

SSL 也是一个工业标准协议,对应(七层)网络模型的会话层,它使公共密钥技术发挥了重要作用,该协议层包含了两个协议子层:SSL 记录协议与 SSL 握手协议。SSL 提供三种基本的安全服务,每一种都包含了公共密钥技术。这三种服务是:

(1)报文保密。报文保密是通过公共密钥和均衡密钥加密的组合实现的。在一个 SSL 服务器和一个 SSL 客户机之间的所有通信量都通过一个密钥和一个协商好的加密算法被加密,都是在 SSL 握手期间完成的。加密可以成功地阻止一些网络窃听者,这些人通过使用类似于 IP 包嗅探器的设备可以捕获 TCP/IP 对话。加密使得这些窃听者即使可以使用 IP 包嗅探器一直捕获服务器与客户机之间的通信,也无法读懂所得来的信息。

(2)报文完整性。报文完整性服务可以确保 SSL 的对话通信内容在传递途中没有任何改变地送达目的地。如果 Internet 要在电子商业中起一个有效平台的作用,首先必须保证服务器与客户机之间流动的信息内容不被非法者篡改。SSL 使用被称为摘要函数的一种被共享的秘密与特殊的数学函数组合来提供报文的完整性服务。

(3)互相证明。互相证明是服务器设法让客户机信服它的身份,客户机设法让服务器信服它的身份的过程。它们以公共密钥凭证的形式编码,并在 SSL 握手过程中相互交换。为证明某实体出示的凭证是来自一个合法的凭证所有者的(而不是冒名顶替者),SSL 要求在握手期间,凭证出示者必须对要交换的数据进行数字签名。被交换的握手数据包括完整的凭证。各实体对协议数据(包括他们的凭证)进行签署的目的是证明他们是合法的凭证所有者。这可有效防止某人通过出示你的凭证来冒充你。靠凭证本身不能证明你的身份,还必须加上正确的私人密钥才行。

SSL 工作过程如图 6-10 所示。

建立 SSL 连接事先需要经过一个握手过程。SSL 所提供的安全服务对终端用户是透明的,通常用户只需单击某页上的按钮或指定线段,以此提出与具有 SSL 功能的服务器连接的请求。服务器一般在一个指定的端口(默认为 443)接收 SSL 连接请求,这个端口与用来接收标准 HTTP 请求的端口(默认为 80)不同。

当客户机连接到那个端口上时;便开始进行 SSL 握手过程,之后开始执行通信加密和报文完整性检查,一直到 SSL 对话有效期结束。在 SSL 对话建立阶段,握手过程只需一次,不致造成性能下降。

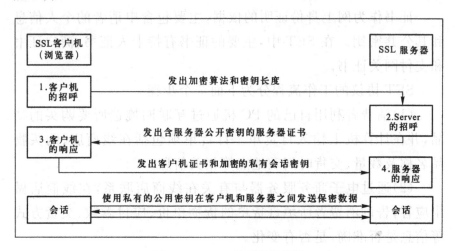

图 6-10　SSL 工作过程示意图

凡是支持 SSL 协议的网页,都会以"https://"作为 URL 的开头。客户与服务器进行 SSL 会话时,如果是使用 IE 浏览器,可以在状态栏看到一只锁形标志,双击该标志,就会弹出服务器证书信息。

(二)安全电子交易协议

安全电子交易协议(Secure Electronic Transaction,SET),向基于信用卡进行电子化交易的应用提供了实现安全措施的规则。它是由 Visa 国际组织和万事达组织共同制定的一个能保证通过开放网络(包括 Internet)进行安全资金支付的技术标准。参与该标准研究的还有微软公司、IBM 公司、Netscape 公司、RSA 公司等。

SET 提供对消费者、商户和收单行的认证,确保交易数据的安全性、完整性和交易的不可否认性,特别是保证了不会将持卡人的信用卡号泄露给商户。

SET 支持了电子商务的特殊安全需要。如购物信息和支付信息的私密性;使用数字签名确保支付信息的完整性;使用数字签名和持卡人证书,对持卡人的信用卡进行认证;使用数字签名和商户证书,对商户进行认证;保证各方对有关事项的不可否认性等。

证书作为网上身份证明的依据,主要包含申请者的个人信息和其公共密钥。在 SET 中,主要的证书有持卡人证书、商户证书和支付网关证书。

SET 协议的工作流程分为下面 7 个步骤。

(1)消费者利用自己的 PC 机通过互联网挑选所要购买的物品,并在计算机上输入订货单。订货单须包括在线商店、购买物品名称及数量、交货时间及地点等相关信息。

(2)通过电子商务服务器与有关在线商店联系,在线商店做出应答,告诉消费者所填订货单的货物单价、应付款数、交货方式等信息是否准确,是否有变化。

(3)消费者选择付款方式,确认订单,签发付款指令。此时,SET 开始介入。

(4)在 SET 中,消费者必须对订单和付款指令进行数字签名,同时利用双重签名技术保证商家看不到消费者的账号信息。

(5)在线商店接受订单后,向消费者所在银行请求支付认可。信息通过支付网关到收单银行,再到电子货币发行公司确认。批准交易后,返回确认信息给在线商店。

(6)在线商店发送订单确认信息给消费者。消费者端软件可记录交易日志,以备查询。

(7)在线商店发送货物或提供服务,并通知收单银行将钱从消费者的账号转移到商店账号,或通知发卡银行请求支付。

在认证操作和支付操作中间一般会有一个时间间隔,例如在每天的下班前请求银行结一天的账。上述步骤中的前两步与SET 无关,从第三步开始 SET 起作用,一直到第七步。在处理过程中,对通信协议、请求信息的格式、数据类型的定义等,SET 都有明确的规定。在操作的每一步,消费者、在线商店、支付网关都通过 CA 来验证通信主体的身份,以确保通信的对方不是冒名顶替者。所以,也可以简单地认为,SET 规范充分发挥了认证中心的作用,以维护在任何开放网络上的电子商务参与者所提供信息的真实性和保密性。

第三节　旅游电子商务法律法规保障体系

旅游电子商务的迅速发展,使旅游成了一个新的经济增长点,由于区别于传统的商业模式,中国近几年来也陆续出台了一系列的法律、法规来保障旅游电子商务的正常运转,当然还有些法律、法规需要加以完善。

一、电子签名法

《中华人民共和国电子签名法》已由中华人民共和国第十届全国人民代表大会常务委员会第十一次会议于 2004 年 8 月 28 日通过,现予公布,自 2005 年 4 月 1 日起施行。其中第 13 条规定,符合下列条件的,视为可靠的电子签名:

(1)电子签名制作数据用于电子签名时,属于电子签名人专有;

(2)签署时电子签名制作数据仅由电子签名人控制;

(3)签署后对电子签名的任何改动能够被发现;

(4)签署后对数据电文内容和形式的任何改动能够被发现。

二、其他法律

根据联合国《电子商务示范法》第 2 条,"'数据电文'系指经由电子手段、光学手段或类似手段生成、储存或传递的信息,这些手段包括但不限于电子数据交换(EDI)、电子邮件、电报、电传或传真。"利用数据电文进行的各种信息传输是有效的,"不得仅仅以某项信息采用数据电文形式为理由而否定其法律效力、有效性或可执行性"。

我国新《合同法》也已将数据电文列为"可以有形地表现所载内容的形式"。第 11 条规定:"书面形式是指合同书、信件以及数据电文(包括电报、电传、传真、电子数据交换和电子邮件)等可以有形地表现所载内容的形式。"也就是说,不管合同采用什么载体,只要可以有形地表现所载内容,即视为符合法律对"书面"的要求。这些规定,符合联合国国际贸易法委员会建议采用的"功能等同法"的要求。

第 33 条规定,当事人采用信件、数据电文等形式订立合同的,可以在合同成立之前要求签订确认书。签订确认书时合同成立。这就是说,在实行合同签署时运用电子签字,可以不签订确认书,直接使用电子签字;也可以根据实际情况,首先签订使用这种方法的确认书。后一种做法可以提高合同的可靠性,防止电子签字的伪造。实际上,我国新《刑法》第 280 条已经规定了有关伪造、编造、毁灭国家机关的公文、印章以及公司、企业、事业单位、人民团体的印章的犯罪。如果在司法解释中将公文和印章的概念加以扩大,扩展到电子签字,利用电子合同开展贸易就可以真正进入实施阶段了。

当然,电子商务合同相关的法律还有待进一步完善。

三、法规

(一)第三方支付平台规范

本规范的制定是根据国家相关法律法规,参照中华人民共和国《互联网信息服务管理办法》(国务院令 2000 年第 292 号)、商务部《关于网上交易的指导意见(暂行)》(商务部公告 2007 年第 19 号)和国家工商行政管理总局《网络商品交易及有关服务行为管理暂行办法》(国家工商行政管理总局令 2010 年第 49 号)的规定,并总结电子商务实际运作经验制定的。

第三方电子商务交易平台(以下简称第三方交易平台)是指在电子商务活动中为交易双方或多方提供交易撮合及相关服务的信息网络系统总和。

(1)第三方电子商务交易平台应遵循的基本原则:第一,公正、公平、公开原则。平台经营者在制定、修改业务规则和处理争议时应当遵守公正、公平、公开原则。第二,业务隔离原则。平台经营者若同时在平台上从事站内经营业务的,应当将平台服务与站内经营业务分开,并在自己的第三方交易平台上予以公示。第三,鼓励与促进原则。鼓励依法设立和经营第三方交易平台,鼓励构建有利于平台发展的技术支撑体系;鼓励平台经营者、行业协会和相关组织探索电子商务信用评价体系、交易安全制度,以及便捷的小额争议解决机制,保障交易的公平与安全。

(2)平台经营者应提供规范化的网上交易服务,建立和完善各项规章制度,包括但不限于下列制度:第一,用户注册制度;第二,平台交易规则;第三,信息披露与审核制度;第四,隐私权与商业秘密保护制度;第五,消费者权益保护制度;第六,广告发布审核制度;第七,交易安全保障与数据备份制度;第八,争议解决机制;第九,不良信息及垃圾邮件举报处理机制;第十,法律、法规规定的其他制度。

平台经营者应定期在本平台内组织检查网上交易管理制度的实施情况,并根据检查结果及时采取改善措施。

(二)有关隐私权的法规

随着电子商务的应用和普及,有些商家在利益驱使下在网络应用者不知情或不情愿的情况下采取各种技术手段取得和利用其信息,侵犯了上网者的隐私权。在这种环境下,侵犯隐私权的手段不断创新,而且越来越隐蔽。我国也有些法规对我们的隐私加以保护。

(1)由于我国《民法通则》没有作出保护隐私权的明文规定,最高法院就在有关的司法解释中对名誉权的保护作了扩张性解释,将侵犯隐私权视为侵犯名誉权来予以对待。如《最高人民法院关于贯彻执行〈中华人民共和国民法通则〉若干问题的意见》第160条、《最高人民法院〈关于审理名誉权案件若干问题的解答〉》第七问、《最高人民法院〈关于确定民事侵权精神损害赔偿责任若干问题的解释〉》第八问。这些司法解释为网络隐私权的保护提供了基本法律依据。

(2)部门规章的保护。国务院于 1997 年 12 月 7 日颁布的《计算机信息网络国际联网管理暂行规定实施办法》第十八条规定:"不得擅自进入未经许可的计算机系统,篡改他人信息;不得在网络上散发恶意信息,冒用他人名义发出信息,侵犯他人隐私"。

(3)公安部于 1997 年 12 月 30 日颁布的《计算机信息网络国际联网安全保护管理办法》第七条规定:"用户的通信自由和通信秘密受法律保护。任何单位和个人不得违反法律规定,利用国际联网侵犯用户的通信自由和通信秘密。"虽然这些规定还很不全面、具体可操作性也不强,对大量的侵犯网络隐私权的行为也暂时无法予以制裁,但已经是我国对网络隐私权保护在立法上的一大进步。

但仅靠这些法律法规,不足以保护我们的隐私,我国必须尽快通过专门直法、鼓励行业自律与教育网络使用者的方式,建立个人数据的法律保护制度。网络隐私数据如何得到安全保障,这是任何发展电子商务的国家都面临的问题。信息时代保护网络隐私权的原则应当是力求平衡——既要保证隐私权不受侵犯,又不能使保护隐私成为信息自由流通从而发挥其经济价值的障碍。当前,以电子商务为代表的网络经济不仅在中国还处于萌芽期,就世界范围而言,也处在由幼稚向成熟发展的探索期,这样一个相对理性的调整时期,正是立法工作可以谨慎而积极开展的时机。

第四节　旅游电子商务诚信体系的构建

一、社会信用体系

社会信用体系也称国家信用管理体系或国家信用体系。它是一种社会机制,具体作用于一国的市场规范,它旨在建立一个适合信用交易发展的市场环境,保证一国的市场经济向信用经济方向转变,即从以原始支付手段为主流的市场交易方式向以信用交易为主流的市场交易方式的健康转变。这种机制会建立一种新的市场规则,使社会资本得以形成,直接地保证一国的市场经济走向成熟,扩大一国的市场规模。

社会信用体系可以保存失信者的记录,它能够扬善惩恶,提高经济效率,对失信行为进行防范。而电子商务信用体系从属于社会信用体系。

二、旅游电子商务诚信体系

在旅游行业,尤其是在海南曾出现零团费,甚至负团费的旅游团和天价的家常菜,为此,海南国际旅游岛的形象在全国游客心中大打折扣,严重地扰乱了旅游市场。要把旅游市场做大做强,有必要建立完善的旅游电子商务诚信体系,让诚信成为旅游行业奉行的主旨,让游客游得尽兴、玩得高兴、吃得痛快、住得舒服、行得通畅、不遇堵心事、不听烦心话。

旅游电子商务诚信体系是指在整个旅游市场体系中,旅游活动在诚实守信的原则下进行,包括旅游诚信的法律法规系统、记录系统、评价系统、奖惩系统和监督系统等具体内容的综合性运行体系。

(一)旅游诚信的法律法规系统

针对当前存在的旅游诚信方面的问题,首先应运用立法权加快旅游立法,加强旅游法制建设,让法律法规对旅游企业的行为进行规范和约束,通过制定相关的规章制度,完善现有法规中失信惩罚和诚信奖励的内容,将旅游工作中每一个对旅游者和旅游企业服务的环节纳入管理,使旅游行业管理部门在公平竞争、服务质量等方面的监管,有权威性和公信力。

(二)旅游诚信的记录系统

主要通过发行旅游诚信记录表,记录旅游企业和从业人员涉及信用的各种信息采集。旅游诚信记录一般通过连续记录建立起来。旅游诚信记录点主要是旅游经营者和从业人员的基本信息、正面信息、负面信息等。为了及时掌握第一手资料,应采取有效的措施让游客提供更多的信息。

(三)旅游诚信的评价系统

主要是以旅游行政管理单位、行业协会组织或者信用中介服务机构作为评估主体,以各个旅游经营企业和从业人员为评估对象,进行客观的评价。如实行诚信等级划分评定制度,通过出台旅行社诚信等级划分和评定标准,评定出一大批优秀的诚信旅行社,为广大游客出行提供权威参考依据,引导旅游企业诚信经营。

(四)旅游诚信的奖惩系统

旅游诚信的奖惩是指运用行政、经济、道德等多种手段,对旅游活动行为进行诚信奖励及失信惩戒,甚至可以对诚信企业进行品牌宣传,对有严重失信行为的旅游企业和从业人员可以将之退出旅游市场。如建立旅行社、旅游饭店和景区的质量等级退出机制,及时严肃查处侵害游客合法权益的案例并予以公布。建立旅游投诉通报制度,定期发布省内重点旅游城市游客满意度排名。

(五)旅游诚信的监督系统

旅游诚信的监督系统主要是对诚信系统中的记录、评价、奖惩等全过程进行监督,保障整个诚信体系运行的健康和公正。如建立旅游诚信网,搭建游客与旅游企业间的监督维权公示平台,旅游者可进行快捷方便的网上投诉,市场检查中出现的违法违规行为也在网上向社会各界进行公布,增加旅游质监执法的透明度。同时,探索建立"旅游诚信通"服务热线,增强了旅游服务快捷性和便捷性,保障了游客的知情权和话语权。

第七章　旅游电子商务企业经典案例分析

随着旅游电子商务的不断发展,各相关行业都采取了行动,希望把握机会实现更好的发展,这在旅游各相关环节上都有所体现。旅游门户网站、风景区建设、酒店建设等都受到了旅游电子商务的影响,本章将从具体事例入手进行分析,研究我国旅游电子商务企业的形成和发展。

第一节　携程、艺龙、去哪儿网案例

一、携程网

(一)携程网的核心竞争力

1. 搜索引擎投放引入访问量

由于搜索比价式网站的蓬勃发展对携程网造成了一定的竞争压力,为此,在 2006 年至 2008 年,携程网先后对去哪儿和酷讯屏蔽了其业务数据。因为竞争对手的强势,致使携程网呼叫中心的业务量随着其他网站业务的争夺而面临下滑。

在这样的竞争格局下,携程网采取了相应的举措。2007 年10 月,携程旅行网携手全球最大的中文搜索引擎公司百度(baidu. com)开展酒店搜索方面的全方位合作。出行的客人可以通过百度地图频道,查询携程网近 5000 家会员酒店的地理位置和介绍信息,并可以直接预订。携程网将旅游信息和搜索引擎进行结合:一方面,搜索引擎具有便捷和快速的优点,与专业的旅游信息提供网站联合后,可以做到强势互补,更好地推动旅游信息推广和在线旅游业的发展；另一方面，此次合作不仅为百度旅游资讯搜索提供完善的内容支持，也直接给携程网带来预订量的增长，实现了"双赢"。

2. 产品优势

客户可以从携程网上查询各种旅游产品，几乎所有国内的旅游产品都可以在网站上找到。携程网将传统旅游业和互联网资源经技术创新融合后，使传统的旅游运作方式得到极大的改善，并创造出新的产品价值。

携程网充分利用网络资源的优势——互动开放、动态整合各地旅游资源、不受时空限制，还利用了电子商务的模式使交易操作程序简便，交易环节合并压缩，交易成本大幅度节省，交易效果也变得非常显著。

除此以外，呼叫中心也是携程网的一个特色和优势，其座席数超过 1 万个。携程同全球 190 个国家和地区的 50 万余家酒店建立了长期稳定的合作关系，其机票预订网络已覆盖国际国内绝大多数航线，送票网络覆盖国内 52 个主要城市。规模化的运营不仅可以为会员提供更多优质的旅行选择，还保障了服务的标准化，进而确保服务质量，并降低运营成本。

3. 客户响应速度快

携程网基于 B/S 的网上订房系统数据库，可以与其上游酒店内部的客房管理系统数据库实现向前集成，在不改变宾馆数据库所有权的前提下实现资源共享，可及时掌握上游酒店客房状态数据，抹平"牛鞭效应"。同时，携程网还与酒店确认预订的环节实现业务流程重组（Business Process Reengineering，BPR），与客户的互动交流实现客户关系管理（Customer Relationship Management，CRM），为消费客户提供更具时效、更经济、更富特色的服务。因而携程网的访问量大幅提高，使得更多的酒店愿与其联盟合作，随着后备客房资源变得越来越丰富，消费者的选择余地也就越加广泛,旅游网站的吸引力也就更大,访问量得以不断攀升,从而形成一种良性循环。

4. 实施差异化战略,打造携程品牌

对于中国国内的旅游市场来说,绝大部分在线旅游网站都采用携程模式或艺龙模式,即基本上都包括酒店预订、机票预订、旅游度假产品、公司差旅管理等在线旅游业务,从而使得在线旅游产品高度同质化,导致恶性价格竞争,妨碍了行业的健康有序发展。尤其是各个服务商为了争夺客源,竞相压价,将利润损失转移给各酒店和航空公司,造成后者的不满,加剧整个产业链的紧张关系。

在竞争激烈的市场上,想要获取一席之地就必须实施"差异化"策略,通过探索采用新的盈利模式或深耕某一细分市场的方式提升竞争力。携程网则将技术创新后的产品系统化并细分市场,在保证现有业务领先的基础上,进行诸如团队、会议预订等相关新业务的多元化延展,深度挖掘网上消费市场潜力,形成完善的自主研发体系和技术创新体系。

携程网可以一直在市场中占有主导地位,正是因为其重视品牌梳理和维护。携程网通过整合线上线下渠道协同工作来运作自有品牌,加强网站品牌优势和核心竞争力,充分提高盈利能力。同时"携程网"作为优秀在线旅游品牌为公司提供了竞争优势:

(1)由于其高水平的消费者品牌知晓和忠诚度,公司减少了营销成本;

(2)由于顾客希望分销商与零售商经营这些品牌,加强了公司对它们的讨价还价能力;

(3)由于该品牌有更高的认知品质,公司可比竞争者卖更高的价格;

(4)由于该品牌有高信誉度,公司可更容易地开展品牌拓展;

(5)在激烈的价格竞争中,品牌给公司提供了某些保护作用。

（二）携程网的运营优势

1. 打造多样性产品

携程网旅游产品的最大特点在于专业性以及覆盖面广。游客在携程网上可以查询到多样化的国内外旅游产品。多年以来，携程始终坚持根据市场需求情况为消费者提供不同的产品，及时丰富更新其产品种类，以更好地挖掘和满足消费者的需求。目前，携程提供的产品包括酒店预订、机票预订、旅游线路制定、汽车票预订、用车服务、景区门票预订、火车票预订，甚至近几年开始与世界众多时尚品牌和奢侈品牌商家合作为消费者提供全球购服务。2014 年，携程战略投资了北京世纪明德，该公司已经为逾 70 万名中小学生提供了修学旅行服务。此投资使得携程将其服务延伸到了 3～18 岁的中小学生，这将帮助携程从一个消费者的早期阶段就培养其使用携程服务的习惯。丰富的产品线使消费者在旅游出行时的选择面更宽，而且能够尽可能地在携程实现"一站式购物"，一方面为消费者节省了在不同网站上进行信息查询和比较的时间，也调动消费者不断尝试体验其新产品的兴趣。

2. 市场先入

携程网在创业初始阶段，对市场进行了广泛而深入的调研和分析，以此为基础确定了将中国的旅游市场作为切入点。作为一种服务性产品，旅游受地域限制小，分销成本低，从而基本不受物流与资金流的限制。同时，在当时的国内市场，互联网的概念刚刚萌芽，旅游市场的发展也逐渐成长，因此，携程选取了将二者相结合，在借鉴美国优秀网商的经营模式的基础上确定了自身的发展定位，将携程作为交易平台，为旅游者与旅游服务提供商之间的消息传达提供便利。这一发展思路，在当时的市场环境中是非常超前的，再加上携程在随后几年中的成功运营，使其在旅游预订产品方面获利丰厚，在在线旅游产品预订市场毫无悬念地由市场先入者成功变身为市场领先者。

3. 实行规模经营

携程网的一个核心优势就是服务规模化和资源规模化。携程拥有世界上最大的旅游业服务联络中心,拥有 1.2 万个座席,呼叫中心员工超过 1 万名。2017 年 11 月 25—26 日,2017 年中国客户联络中心行业发展年会在北京举办,携程凭借优质用户服务,揽获"2017 年度客户口碑最佳客户联络中心"大奖,获得行业权威认可。[①] 携程与全球 190 个国家和地区的 50 多万家酒店建立了长期稳定的合作关系,其机票预订网络已覆盖国际国内绝大多数航线。规模化的运营不仅可以为会员提供更多优质的旅行选择,还保障了服务的标准化,确保服务质量,并降低运营成本。

4. 推进技术创新

在知识经济时代,创新是推动进步的重要动力,携程网就把握住了这一点,其一直将技术创新视为企业的活力源泉,在提升研发能力方面不遗余力。携程建立了一整套现代化服务系统,包括:海外酒店预订新平台、国际机票预订平台、客户管理系统、房量管理系统、呼叫排队系统、订单处理系统、E-booking 机票预订系统、服务质量监控系统等。具体包括以下几个方面:

(1)E-booking 系统。利用 E-booking 系统,能与酒店通过互联网相互联系,让携程旅游网更快、更准确地了解酒店实时的房态及其预订价格体系。

(2)录音及查询。对所有呼叫中心的电话进行全程录音;当有客户投诉、争议发生时,服务部门可重听电话录音,以便尽快解决问题。可通过声控方式控制录音开关,或者可以通过 CTI(计算机电话综合运用)通知录音系统开始录音和结束录音;所有录音文件全部以文件方式保存,并且在数据库中建立录音索引信

---

① 再获呼叫中心行业年度大奖 携程引领旅游业服务创新[EB/OL]. http://www. techweb. com. cn/news/2017—11—30/2613033. shtml.

息,记录 CTI 传送过来的电话信息(如主被叫号码、业务代表号等),提供快捷方便的查询依据。

(3)自动呼叫分配(ACD)。根据各个部门的服务时间、服务要求设置不同的处理流程,保证每个呼叫能及时准确地到达各服务人员。

(4)客户关系管理系统(CRM)。根据客人以往的预订习惯,推荐不同的酒店,不同的旅游套餐,甚至为客人制定出合适的旅游度假方案。

(5)监控管理。通过实时监控工具,不仅可以看到每个队列的当前状况、当前的通话及座席的统计信息,而且可以监控每个队列中所有操作员的工作情况及电话机的状态,做到所有情况一目了然。

(6)独特的房间管理系统。利用房态管理系统来简化预订程序。每天酒店业务部的人员都与酒店联系,预测每天的房源情况,并分为紧张、良好与满房三种类型,更好地为客户服务。

(7)呼叫记录、报表统计分析。将每个呼入、呼出电话的详细情况全部记录在数据库中,并且结合报表生成系统,制作了各种呼叫中心的实时报表和统计分析报表;同时利用数据仓库技术对这些数据进行分析、挖掘,为呼叫中心的运行、管理提供了强有力的支持。

随着移动互联网的发展以及智能手机的普及应用,2013 年携程发布"大拇指+水泥"策略,构建指尖上的旅行社,提供移动人群无缝的旅行服务体验。依靠这些先进的服务和管理系统,携程为会员提供更加便捷和高效的服务。

(三)携程网的运营劣势

1. 创新不足,新的利润增长点不多

前面提到了,携程网重视技术创新,但是随着市场竞争越来越激烈,创新不足成为携程网面临的一个主要问题,尤其是在核心产品和商务模式上的创新急需加强。携程是中国旅游电商的开拓者、领导者、推动者,国内旅游电商市场中的很多商业模式、管理规范都是携程首先提出并付诸实践的,携程在行业中的地位以及它曾经的众多创新是受到行业认可和推崇的。但是,携程在行业中的领先者地位巩固后,它的发展更多地聚焦于对整个产业链的把控,对上游供应商的封杀,与同行业竞争者的价格战这些年都在业界引起轰动;而相反的是其在最核心的产品、商务模式上的创新很少。对于同行业竞争者的创新,携程更多的是处于后知后觉或者跟随的状态;而当这些竞争者的创新对携程已有的市场份额带来影响时,它所采用的手段又是简单地封杀,几轮之后,无论是上游的供应商还是同业的竞争者,他们开始寻求联合,孤立携程。创新能力不足导致携程只能固守原来的优势产品,即过度依赖机票和酒店营收,其中"机票+酒店"收入占其整体营收的80%以上;而度假和企业旅游这两年虽然得到较大发展,苦于长期基础薄弱,短时间要改变目前营收结构较难。

2. 对供应商态度过于强硬,垄断地位动摇

携程网在面对供应商时通常会采取比较强硬的态度,而这也导致了携程与上游供应商之间的"封杀"事件时有发生,其实每一次事件对双方都有不小的伤害。也许在旅游电商市场还是携程一家独大、垄断地位明显的时候,这些上游供应商为了依赖这个市场认可度第一的平台能够最终"忍气吞声"地按照携程的要求进行合作,但是上游供应商都毫无例外地认识到多元化分销渠道的重要性。在近几年旅游电商如火如荼地发展中,艺龙、同程、芒果等都在市场中有了一席之地并得到了不同消费者的认可,因此,上游供应商都在新市场中努力拓宽自身的分销渠道,大的上游供应商加大对自己直销渠道的投入与宣传,小的上游供应商通过与不同的在线旅游服务商(Online Travel Agent,OTA)进行合作,将风险分散到不同的篮子里。另一方面,去哪儿、酷讯等比价搜索的存在为更小的旅行社和旅游代理服务商提供了借助互联

网预订服务的机会。以上这些新兴的渠道从多方面动摇了携程原有的在线预订平台的垄断地位。从 2010 年开始,携程市场份额开始低于 50%,行业控制能力和议价能力开始被削弱。随着我国旅游电子商务的发展,近年来涌现出很多具有竞争力的新企业,如途牛、飞猪,这进一步压缩了携程的市场空间,据比达咨询数据显示,2016 年,包括去哪儿和艺龙在内的携程系,共占据整体在线旅游市场份额的 43.6%,位列第二的途牛为 22.7%,飞猪为 13.4%。①

3. 机票和酒店预订比重过大,价格劣势显现

携程网最核心的业务就是机票和酒店的预订业务,而这种业务结构引起了一定问题。由于机票和酒店产品标准化程度很高,从预订到最后完成交易的过程中人工干预环节比较少,所以携程能够将服务过程分割成多个环节,以细化的指标控制不同环节,并建立起一套精益服务体系,将"六西格玛"质量管理体系运用其中。当再配以庞大的呼叫中心后,顺利运营这套服务体系导致携程的成本与其他几家同样以机票和酒店的在线预订业务为主的旅游电商相比,在成本上毫无优势。另外,近年来消费者进行在线预订的比例不断提高,他们的比价手段多样而且方便,机票和酒店的价格透明程度已经很高,从而导致携程的星级服务能力优势并没有在机票与酒店预订业务中得到充分发挥,与竞争者相比携程的价格劣势逐步明显。

二、艺龙网

(一)艺龙网的核心能力

1. 提供设计良好的网站

艺龙旅行网网站,是艺龙引入用户体验流程、基于先进的平

---

① 携程系在线旅游市场份额超半数 OTA 流量博弈将更激烈[EB/OL]. http://www.redsh.com/a/20180103/182232.shtml? from=groupmessage.

台架构精心打造的大型在线旅游服务系统,是国内首家采用眼球跟踪(Eyes-tracking)技术和地图搜索方式的在线旅行网站。艺龙网站可以为用户提供在线机票和酒店预订等多种服务,并提供了酒店360度大全景、机票价格动态查询系统、机票七日低价日历等业界领先的功能,帮助用户更好地自主选择酒店及机票服务。艺龙网还与谷歌(Google)强强合作,推出酒店地图搜索功能,为用户的预订提供更好的体验。

2. 提供先进的技术支持

(1)管理信息系统。管理信息系统(Management Information System,MIS),是艺龙独立研发的用户数据、市场资源、业绩统计等综合的公司信息管理系统,并引入了国际领先的客户关系管理系统(CRM),对所有注册用户的信息及其每一次消费情况都进行了详细的记录,为艺龙更好地根据用户需求、偏好等提供更具个性化和人性化的服务提供了强有力的支持。

(2)E-booking系统。E-booking系统,是艺龙依托网络技术,独立开发并运用在电话呼叫中心(Call Center)与酒店之间的互动高效的沟通平台,可以直接将会员的酒店订单通过这套系统传递到指定酒店,从而实现艺龙与酒店的联机操作。

(3)Eravel系统。艺龙网专门为合作网站、企业商旅打造了一款预订系统——Eravel系统,通过该平台客户可以高效快捷的预订酒店、机票,可以用于合作网站快速开展机票、酒店预订业务,也可以用作企业内部商旅服务平台,使企业的整个差旅流程更加顺畅、便捷,成本控制更加有效。

3. 提供丰富的出行服务资源

艺龙网为客户提供了完善的全国酒店销售预订网络,客户通过艺龙网直接可以预订国内近430个城市的近8700家酒店及海外100多个国家和地区的10万家星级酒店。艺龙海外酒店预订系统开始通过Expedia向用户提供全球720个目的地优惠的国际酒店预订服务。

艺龙旅行网可以提供全球任意一点或多点的机票服务，为旅客量身定制飞行计划及旅行路线等。艺龙机票服务网络已覆盖北京、上海、广州、深圳等 80 多个主要商务旅游城市，并推出了免费为客户邮寄机票行程单的服务，使机票服务范围涵盖全国大中小城市。

4. 拥有强大的营销团队

艺龙的成功在一定程度上要归功于其强大的营销团队。营销渠道除了组建庞大的销售队伍活跃在中国 50 多个商务及旅游城市外，艺龙与中国移动、中国联通、中国电信、中国网通以及国航、东航、南航、海航，中国银行、工商银行、建设银行、招商银行、中国平安、中国人寿、中国泰康等合作，为它们的会员提供旅行服务；还与遍布全国的 4000 多家代理商结成战略联盟，代理艺龙的酒店预订及消费旅行卡业务。此外，艺龙还通过网站、平面媒体、市场活动等各种手段来进行艺龙产品的销售和推广。

5. 提供完善的客户服务

对于旅游电商来说，客户服务是一个关键环节，是提升客户体验，树立良好口碑的关键。艺龙旅行网拥有 800 人的电话呼叫中心，是国内旅行服务行业技术最先进、规模最大的呼叫中心之一，先后通过 ISO 9002、ISO 9001:2000 国际标准质量体系认证，并配备了国际上最先进的第三代系统核心技术 CTI。

艺龙以人为本，以客户服务为中心开展工作。管理层首先照顾好员工，让员工满意，并提供工具让员工有能力去更好地服务客户；满意而又有能力的员工会为客户提供优质的服务，让客户满意，客户满意了就会重复购买；随之产生维持企业运转的利润，形成企业的良性循环。

（二）艺龙网的运营优势

1. 通过网站间合作销售产品

艺龙与国内著名的网站建立了排他性合作,建立了广泛的网络营销渠道。谷歌、百度、腾讯、互联星空等国内大型网站均为其战略合作伙伴。2002 年,艺龙旅行网隆重推出了"艺龙旅行网旅行产品在线分销联盟",大大加强了自身营销渠道的拓展。在线联盟加盟方法简单,个人或企业均可申请。数千家网站加盟并从中获利。另外,艺龙旅行网依托 Expedia 的旅游资源、成熟网络及雄厚的技术支持力量,并通过 elong.net 英文网站平台为国内或国际的旅行消费者提供全球的旅游产品预订服务。2017 年 12 月 29 日,同程旅游集团旗下的同程网络与艺龙旅行网宣布正式合并为一家新公司"同程艺龙"。新公司整合双方大交通、酒店等优势资源,打造更为领先的旅行服务平台。

2. 通过多方合作推广业务

艺龙采取了和多个合作伙伴进行合作推广的方式。艺龙与中国移动、联通、电信等网络运营商,国航、东航、南航、海航等航空运营商,以及中国银行、工商银行、建设银行、招商银行,中国平安、中国人寿、中国泰康等金融机构合作,为它们的会员提供旅行服务;还与遍布全国的 4000 多家代理商结成战略联盟,代理艺龙旅行网的各项业务。

3. 拥有雄厚的资金和资源的支持

剥离外围业务,分离出核心业务后,酒店机票预订业务的执行力得到提升。客户差旅过程的一条龙式的全程监督、管理和操作的合作,在节约了客户成本的同时,还保证了质量。艺龙剥离非核心业务、集中攻线上预订市场,是艺龙在盈利压力下采取的正确的措施,避免了艺龙在各条战线上都与领先者进行同质化竞争,可以集中优势资源开拓专业市场,同时使得自己的执行力更好地得到体现。

（三）艺龙网的运营劣势

艺龙网虽然具有以上优势,但是从本质上来看,其提供的机票酒店产品仍然和其他供应商属于同质化竞争,并没有特别的明显优势。主要面对商旅人士,受众面比较窄。作为一个大型的网上旅游服务网站,网站的设计显得有点单调、烦琐,要仔细寻找才能找到自己需要的内容,而一个旅行服务公司的页面应让浏览者有一种休闲的感觉和旅游的欲望。对酒店的内景展示不够,不能提供比较清晰的住宿条件,酒店应提供更多的图片方便消费者了解具体信息。

三、去哪儿网

（一）去哪儿网的核心能力

去哪儿网作为业内知名度极高的在线旅游品牌,拥有着不可复制的能力,主要表现为以下几个方面。

1. 拥有丰富资源

去哪儿网可实时搜索超过700家机票和酒店代理商网站,搜索范围覆盖全球范围内超过15万家酒店、1.5万条航线、12万条度假线路、2.5万个旅游景点、8000万份游记攻略,并且每日提供逾1500种旅游团购产品。用户可以从中选择出最实惠最适合自己的旅游攻略。

2. 主要竞争力

（1）去哪儿网有准确的自身定位。去哪儿网总裁庄辰超表示:"去哪儿网站的定位就是为用户提供最完善的信息比较,不仅在技术上做到最先进、最专业,也要在服务上不断提高网站的核心竞争力"。

(2)超大规模实时数据搜索技术和强大的数据库。去哪儿网实现了三到五秒的时间从数百个数据源获得大量数据,处理并展现给消费者最新的在线旅游产品数据,并能够同时服务数十万查询而保证服务的速度和效果。

(3)去哪儿网为客户构建金牌服务体系。去哪儿网对所有代理商都做了CATA认证,以保障消费者不会受到欺诈。去哪儿网开发了机票动态用户跟踪系统,并且提供一系列的工具,让消费者能够在这个过程中间保障自己的消费权益。同时,去哪儿网有点评平台,覆盖了大部分的酒店,让用户更好地选择酒店。

(4)去哪儿网具有全面功能。去哪儿网为用户提供旅游的全程服务,方便旅客旅行。去哪儿开发了移动客户端,以满足广大用户的需求。

3. 主要竞争优势

(1)可以为网站客户提供有价值的参考信息。诸如提供产品预订的网站是否能参与某项积分、是否支持信用卡延期支付、每一个航班的误点率等信息,或者是某个航班在最近一个季度或月份的价格走势表等。

(2)通过最低价吸引客户消费。通过实时搜索技术,对互联网上所有跟旅游有关的产品,包括机票、酒店、景点等,在去哪儿网都能搜索出最低的价格,还可以让消费者自由组合。

(3)通过金牌服务提高客户忠诚度。垂直搜索引擎定位于一个行业,服务于一群特定需求的人群。由于用户转换搜索引擎的转换成本非常低,几乎为零,有利于提高用户的转换成本,提高用户忠诚度。

(4)采用直销模式,减去中间环节。游客可直接与供应商交流,让游客彻底享受"直销一体式"电子商务新服务。

（二）去哪儿网的运营优势

1. 强大的股东支持

去哪儿网是一个搜索平台，与百度、谷歌具有相似的商业模式，都是通过搜索引擎来收集用户流量，将这些用户流量与商业客户相匹配，通过基于点击的付费广告来获得收益。但由于去哪儿网只是一家垂直型搜索公司，如何获得足够的用户流量是发展的关键。因为对一家互联网公司而言，如果其流量大部分都要通过对外购买才能获得，就很难建立起持续盈利的商业模式。但去哪儿网偏偏遇上了百度。自 2011 年引入百度作为其大股东后，有了百度流量的去哪儿网如鱼得水，自然流量自 2012 年全年的 56％上升到了 2013 年上半年的 66％，而购买流量则从 44％下降到了 34％。2015 年，去哪儿网进行内部调整，缩减总部职能扩大事业群自主权。改组后，去哪儿网的各大事业群将拥有更大的权限，各事业群不仅具备独立的人事功能，也将开放投资功能。对此，去哪儿网 CEO 庄辰超表示，"各事业群团队除了业务手段以外，更增加投资并购的手段来发展自己的业务。"①根据去哪儿网管理层预计，公司在 2018 年首次实现年度盈利，届时全年运营利润达 1.43 亿元，净利润 1.23 亿元。2025 年，公司年度净营收增幅预计达到 19.2％。②

2. 丰富的旅游资源

去哪儿网的一个核心竞争力就是其具有丰富的旅游资源，这也是其一个重要的运营优势。去哪儿网可实时搜索超过 700 家机票和酒店代理商网站，搜索范围覆盖全球范围内超过 15 万家

---

① 去哪儿大调整：谋求外部资金支持 总裁去职[EB/OL]. http://tech.qq.com/a/20150908/008392.htm.

② 去哪儿网预计 2018 年首次年度盈利[EB/OL]. http://www.ce.cn/culture/gd/201611/30/t20161130_18262586.shtml.

酒店、1.5万条航线、12万条度假线路、2.5万个旅游景点、8000万份游记攻略，并且每日提供逾1500种旅游团购产品。用户可以从中选择出最实惠最适合自己的旅游攻略。

3. 具有全面的功能

去哪儿网是一个中立、智能、全面的比较平台，对用户进行旅游产品选择和决策的作用日渐突出。去哪儿网为用户提供旅游的全程服务，方便旅客旅行。去哪儿网开发了移动客户端，以满足广大用户的需求。同时，去哪儿网的重要使命就是整合中国在线旅游产品及提供高价值信息。

4. 良好的商业模式

值得注意的是，去哪儿网实质上是一个旅游行业的垂直搜索引擎平台，这与携程、艺龙的OTA（在线旅游服务商）模式是不同的，它是一家技术型公司，没有庞大的线下销售团队，而是通过搜索技术将28家航空公司、1240家OTA、53360家酒店的供给需求集成在一起，提供给消费者最低的价格。

5. 具有产品特色和优势

去哪儿网提供的产品具有三大特色，即快速实时；广泛搜索；信息全面。具体来说，去哪儿网的核心产品包括四类，即机票搜索频道；酒店搜索频道；特惠搜索频道；签证搜索频道。

6. 为客户提供金牌服务

去哪儿网对所有代理商都做了CATA认证，以保障消费者不会受到欺诈。去哪儿网开发了机票动态用户跟踪系统，并且提供一系列的工具，让消费者能够在这个过程中间保障自己的消费权益。同时，去哪儿有点评平台，覆盖了大部分的酒店，让用户更好的选择酒店。此外，为了为客户提供更好的酒店产品，去哪儿网自2017年1月，推出自有酒店品牌："去哪儿Q＋"，率先颠覆行业格局,同时也在架设新型旅行生态重要枢纽。"Q+酒店"是去哪儿网架设新型旅行生态环境的重要枢纽。它是消费升级下,去哪儿网一众旅行产品中,颇具革新意义的产品。它也将成为其他业务线下强有力的根据地。从最初的低价旅行信息聚合,到现在的旅行生态环境打造,去哪儿网不断打破行业格局。这源于去哪儿网"用户体验至上"的原则。[①]

7. 运用先进技术

去哪儿网通过运用先进的技术,有效地优化了用户体验。专注于为用户提供信息搜索的深度服务,并在数据搜索量、搜索范围、反应速度、价格实时性、数据详细程度、过滤排序功能的易用性等诸多方面确立了深度服务的优势。"去哪儿"(qunar.com)提供了多种技术工具,让用户自行通过排序或者过滤得到所需的数据。其特有的智能比价系统可以帮助用户获得出色的消费体验。选择什么样的价格与服务的权利,完全掌握在用户自己手中。超大规模实时数据搜索技术和强大的数据库,实现了三到五秒的时间从数百个数据源获得大量数据,处理并展现给消费者最新的在线旅游产品数据,并能够同时服务数十万查询而保证服务的速度和效果。

(三)去哪儿网的运营劣势

1. 网络营销方式匮乏

大多数的旅游网站都把关注点放在了网络上进行宣传,譬如说网络广告、搜索引擎的注册和排名、电子邮件列表等这类的传统的营销方式,缺少能够吸引游客的特殊的营销方式,去哪儿网也是如此。在宣传的网页上,没有太多对外国游客以及国外景点的介绍;在网络的主页面上,色彩的搭配、图片的选择都过于呆

---

① 去哪儿网推"去哪儿 Q+"架设新型旅游生态重要枢纽[EB/OL]. http://news. ifeng. com/a/20180511/58272349_0. shtml.

板,缺乏应有的活力和表现欲,这在一定程度上大大降低了其感召力。另外,当前的网络营销方式还很单一,众多的网站在选择网络营销时,仅仅只注重在网络广告和网络促销这一宣传层面上进行推广,这就会造成营销在宣传这一层面上的效果不是很理想。营销手段的多样性也是盈利模式多样性的体现。

2.组织管理体系不够完善

去哪儿网的盈利模式才刚刚起步,还没有形成较为完善和成熟的组织管理体系,还没有从实践中总结出一套较为严谨的员工选拔体系,并且市场的认可度不强,品牌知名度需要进一步提高,没有形成优秀的企业文化。

3.品牌知名度不高

在竞争激烈的旅游电商市场上,树立并维护品牌是其实现可持续发展的关键。去哪儿网的品牌知名度不够高,没有像携程一样的庞大客户群和被广泛认可的服务能力,没有像百度等所拥有的潜在的技术优势,且网站流量低。

第二节　"智慧黄山"建设与发展案例

黄山是我国著名的旅游胜地,地处安徽省南部黄山市境内,以黄山五绝——奇松、怪石、云海、温泉和冬雪著称于世。1985年入选全国十大风景名胜区,1990年12月被联合国教科文组织列入《世界文化与自然遗产名录》,2004年2月入选世界地质公园。黄山景区内空气清新,水质优良,环境优美,生态系统平衡稳定,是名副其实的天然氧吧、华东动植物宝库和人间仙境。为加快旅游经济更好更快地发展以及切实保护珍贵遗产资源,黄山风景区以建设智慧景区、大力推进智慧旅游发展为抓手,开拓创新,锐意进取,取得了显著的成效,为我国智慧景区建设提供了重要的借鉴。

一、黄山风景区的发展背景

黄山的发展要从邓小平视察黄山说起。1979 年 7 月,邓小平视察黄山,做出了"要有点雄心壮志,把黄山的牌子打出去"的重要指示,从此开启了黄山旅游跨越式发展的新引擎。在迎来旅游业快速发展的同时,黄山管理方充分意识到了信息化对景区发展的重要作用。于是,从 20 世纪 90 年代中期开始,黄山就着力推进景区信息化建设。1999 年,黄山启动了政府上网工程,开始了管理信息化的探索。2004 年黄山与九寨沟一起被列为"十五"科技攻关计划——数字景区示范工程,着手探索景区现代化管理和服务的新模式、新机制。2005 年年初,黄山完成了《黄山风景区数字化建设总体规划(2005—2010 年)》,为景区信息化建设提供了可靠的依据。2006 年,黄山建成了高水平的黄山风景区保护管理指挥调度中心,为景区建设提供了可靠的信息化保障。

黄山按照《黄山风景区数字化建设总体规划(2005—2010 年)》的要求,开展黄山风景区的数字化建设,具体来说,就是以国家风景名胜区数字化建设理念为指导,以黄山风景区数字化建设现状为基础,以信息技术为支撑,以加强资源保护、提高旅游服务质量、提升经营管理水平、增强安全防范能力和可持续发展水平为内容,提出了"数字黄山"的总体方案,其总体架构为一个中心、三大平台、五大系统的开放体系。一个中心即黄山风景区信息中心,是整个黄山风景区信息系统管理、运行维护、指挥调度的中枢;三大平台即信息网络、数据库和空间信息技术平台,它们与多媒体技术平台共同为"数字黄山"的建设提供技术支撑;五大系统包括资源保护、旅游服务、经营管理、安全防范和持续发展系统,共同以三大平台为支撑,围绕一个中心,既相对独立又有机集成,形成了完整的数字景区框架。

黄山风景区从 2005 年开始积极开展数字化建设,落实《黄山风景区数字化建设总体规划(2005—2010 年)》,到 2010 年已经取得了景区信息化建设的重大突破,为黄山旅游业的快速发展提供重要的支撑。一方面,传感网、物联网、云计算、移动互联网等新一代信息技术为黄山风景名胜区信息化发展提供了新的技术支撑及应用选择;另一方面,黄山风景名胜区面临着资源保护、业务管理、旅游经营、公众服务等多方面的严峻挑战。在此背景下,黄山风景区认为原有的数字化建设水平需要进一步提升,数字化建设内容也需要进一步完善,以满足黄山风景名胜区在智慧化保护管理与旅游服务等方面的需求。因此,黄山风景区开展了全方位的智慧景区建设。

2017年4月1日,"云上黄山"信息化应用推广会召开,推广会提出,即日起黄山电信宽带"百兆主导,千兆领引"的信息化建设布局已全面形成。今后,"云上黄山"技术平台将在加快智慧黄山建设步伐、为黄山经济发展插上"云翅膀"、推动全市绿色发展搭上云计算快车、改善民生民计等方面发挥重要作用。[①] 2018年,黄山风景区为了响应国家发展计划,指出要打造"智慧景区"2.0。黄山风景区在全面梳理"十二五"期间智慧景区建设发展取得成果和存在问题基础上,联合清华大学,高起点编制完成智慧景区"十三五"发展规划,提出了智慧景区"十三五"发展"蛛网结构"总体框架与策略。规划内容涵盖三网融汇支撑、四项基础设施扩展、五大核心能力提升、六项应用体系优化等,明确了升级无线 WiFi 网络、升级智能预警分析系统、深化山岳景区视频监控相关标准编制、构建景区核心数据库体系、加强地质遗产监测保护等32项信息化重点工程及实施保障措施,充分体现了景区"十三五"发展新特点、新需求。该规划具有智慧景区规划建设的发展模式,理念前瞻、内容全面、技术先进、集成创新明显,达到国际先进水平。

二、"智慧黄山"的建设框架

黄山风景区"智慧化"是建立在黄山风景区"数字化"的基础

---

① "云上黄山"平台助力智慧黄山建设[EB/OL]. http://ah. anhuinews. com/system/2017/04/05/007596854. shtml.

上的,以此为基础,"智慧黄山"的建设继承"数字黄山"建设成果的同时,使黄山的智慧景区建设进入到一个更加深入的发展阶段。总体而言,"智慧黄山"的建设可概括为一个中心、三大平台、五大系统、七项保障:一个中心指的是信息中心,它是整个黄山风景区信息系统管理、运行维护、指挥调度的中枢;三大平台指的是信息感知与传输平台、数据管理与服务平台、信息共享与服务平台;五大系统分别是资源与环境保护系统、业务管理与服务系统、旅游经营与服务系统、安全管理与防范系统、决策支持与服务系统;七项保障包括政策保障、机制保障、资金保障、技术保障、人才保障、安全保障和发展保障,如图 7-1 所示。

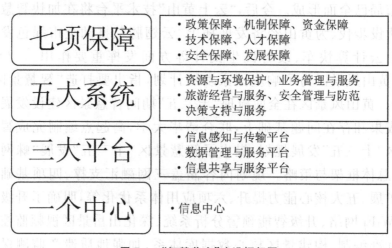

图 7-1 "智慧黄山"建设框架图

三、构建"智慧黄山"的五大系统及三大平台

(一)构建"智慧黄山"的五大系统

1. 构建"智慧黄山"的决策支持与服务系统

通过构建和完善决策支持与服务系统,可以让景区领导更科学地制定科学决策和开展科学管理。该系统依托各类专业数据库,通过虚拟现实显示、情景模拟等手段,对黄山风景区的重大事件决策、应急预案演练等多系统综合应用提供可靠的技术保障。

这一系统已实现了以下几个方面的功能：一是统计分析，依据游客手机归属地统计数据，对全市旅游接待情况和旅游经济运行进行监测、分析；二是远程指挥，实现流量观测、游客分流、预警告警、语音广播和景区在线的远程管理指挥；三是决策调度，通过前端实时视频数据，传输至远程指挥调度中心，实行 24 小时监测，为管理疏导、灾害预防、指挥调度提供保障；四是实时信息服务，实时发布天气预报、客流信息、重要通知、景点人数、酒店空房数、停车场空位数等信息。依托这一系统，景区指挥调度领导只要按照管理权限随时调用融合在统一指挥调度平台中的所有系统，让监控、预测、定位、指挥四合为一，就可显著提升指挥调度的水平和管理协调的能力。

2. 构建"智慧黄山"的旅游经营与服务系统

构建旅游经营与服务系统是"智慧黄山"建设的一个重要环节，具体来说构建该系统包括旅游管理、电子商务、公众服务三大功能模块。旅游管理模块以全面提高旅游管理的能力和水平为基本目标，促进黄山景区从定性管理向定量管理、从静态管理向动态管理以及从事后管理向全过程管理的转变；电子商务模块旨在实现景区票务、旅行社、酒店、农家乐、旅游商品生产企业等网上交易结算，为全面提升面向游客和合作伙伴的管理能力与服务水平提供技术平台；公众服务模块分别针对游客、本地居民、科考人员、企业等公众群体，提供旅游休闲、科普教育、旅游服务及相关信息，以进一步提升景区的知名度、满意度和美誉度。

3. 构建"智慧黄山"的资源与环境保护系统

资源与环境保护系统以充分利用新一代信息技术实现黄山风景区自然资源保护、人文资源保护和环境监测与保护为目的，综合运用遥感（RS）、地理信息系统（GIS）、全球定位系统（GPS）、虚拟现实（VR）和数据库管理系统（DBMS）等技术，构建适合黄山风景区发展需要的资源与环境保护系统。该系统包括基础应用、延伸应用、高级应用和战略应用的多层次资源环境保护各子系统。

4. 构建"智慧黄山"的安全管理与防范系统

风景区的安全管理与防范系统构建具有十分重要的意义和作用,这是保护自然环境和游客安全的重要系统,该系统主要从资源环境、基础设施以及突发事件三大方面实现景区的安全管理和防范。资源环境重点针对文物、名胜古迹、古树名木、生物多样性、地质地貌奇观等自然文化遗产进行安全防范;基础设施的安全通过布置视频控制点,构建视频监控系统来实现;突发事件应急是针对可能发生在景区的交通事故、挤踏摔坠事故、突发性公共卫生事故以及突发性灾害等进行统一的指挥调度与处理,防止各类突发事件造成更大危害。黄山风景区根据自身需要,已建立了旅游业智能监测、风险评估、应急响应和危机决策机制,有效应对极端天气、火灾、洪涝、泥石流等自然灾害和突发事件。

5. 构建"智慧黄山"的业务管理与服务系统

业务管理与服务系统主要满足景区管委会的日常业务工作与景区的日常管理工作需要,旨在通过建设高效、智能的管理信息系统,为打造国际精品旅游景区与国际一流旅游目的地提供基础保障,从而实现景区管理的精细化、可视化、全覆盖。该系统包括电子政务系统、规划管理系统、交通管理系统以及水电自动化调度系统。其中电子政务系统涵盖行业办公自动化(OA)、旅游企业管理、假日旅游预报、网上行业培训、旅游团队管理和网上旅游投诉等功能;规划管理系统针对景区的发展规划进行动态的信息化管理;交通管理系统重点对景区内部的交通状况进行全面、动态的管理;水电自动化调度系统根据景区用水、用电的实际需要进行动态的调整,既确保满足景区运行的需要,又能做到节能和节省开支。

(二)构建"智慧黄山"三大平台建设

1. 构建"智慧黄山"的信息共享与服务平台

通过云计算和面向服务架构(SOA)的集成,构建"智慧黄山"景区的信息共享与服务平台。按照统一标准集成、整合黄山风景名胜区内业务部门、企事业单位和社会公众需要的地理空间信息资源,建成以基础地理信息数据库为基础框架的分布式地理空间信息资源数据库,并在此基础上形成数据发布、共享、交换、服务的网络体系和软件接口体系。

2. 构建"智慧黄山"的信息感知与传输平台

信息感知与传输平台是"智慧黄山"景区建设的信息基础设施,重点是整合与优化现有信息基础设施,实现网络的宽带化、无线化、综合化和集成化,并面向物联网加强信息感知,以满足"智慧黄山"景区面向资源保护、业务管理、公众服务的信息获取、传输、管理和应用需求。

3. 构建"智慧黄山"的数据管理与服务平台

数据管理与服务平台是"智慧黄山"的数据基础设施,旨在改变原有基础数据分散和孤立的状态,以实现不同数据的互联互通。该平台基于云计算及数据库技术构建,包括空间数据库、属性数据库、业务数据库、主题数据库等,创立实现"智慧黄山"景区集成化的数据共享机制与信息服务模式,以满足黄山风景名胜区综合决策支持的需求。

四、"智慧黄山"重点建设项目

"智慧黄山"经过多年的快速发展,已先后建成了 30 多个应用系统项目,取得了重大的建设成果,较有代表性的重点建设项目主要有以下几项。

（一）建设门户网站系统

景区门户网站作为景区重要的对外窗口，不仅发布政务信息，同时发布各类旅游信息，还开通了网上虚拟游等多个栏目，提供在线视频，成为推介黄山、展示景区形象的主要阵地。

（二）建设雷电预警系统

雷电预警系统在黄山风景区的主要制高点上设置了数十个监测点，在雷电到来前半小时，可通过短信群发至景区、宾馆、酒店、旅行社等的管理人员，告知雷电出现的概率、级别和避险方案，避免因雷电而发生人员伤亡事件，对防范和应对雷电灾害起到了十分重要的作用。

（三）建设景区物联网应用系统

利用物联网技术对景区古树名木周边环境的温度、湿度、土壤的水分、土壤的温度以及光照等实时数据通过传感器进行采集，实时回传到指导中心进行分析，同时通过研发的智能模块，实时获取古树名木的状况，全面提升了对古树名木保护的管理水平。

（四）建设景区现场信息发布系统

景区各部门根据自身工作的需要，在全山主要游客集散地安装了数十块 LED 大屏幕，在景区导览、温馨提示、天气预报等方面发挥了一定的作用。与此同时，景区还在游客重要活动区域部署了较多数量的触摸屏，提供景区信息浏览、旅游线路查询、客房预订、信息检索和播放风光视频等自助服务。

（五）建设 GPS 定位与地理信息系统

GPS 定位系统可对一线管理人员及公务车辆进行实时定位，实时获知车辆及人员的方位信息，并能查询相关人员及车辆的行驶轨迹,对人员或车辆进行实时通信指挥调度。出现险情时,可以进行报警,指挥相关人员及时做出应急处理。地理信息系统制作了 440 平方千米的三维数据,建成了规划数据库、文化和自然遗产数据库、地质公园数据库,大大提高了黄山风景区管理工作的数字化、科学化和规范化水平,为实现黄山风景区科学、快速的发展提供技术保障。

（六）建设人流量监控预测系统

建设人流量监控预测系统,对出入景区的人流量进行动态监控,并借助人流量分析网络模型,分析景区每日人流量与天气、历史同期、重大活动等影响因素之间的关系,提升了景区精细化管理水平。

（七）建设电子门禁及票务系统

这一系统通过对传统票务管理的改革及流程再造,不但消除了人工操作存在的各种弊端,实现了票务管理信息化,而且极大地降低了管理成本,提升了管理效率。依托这一系统,景区管理者只需一台能上网的电脑,就可以随时掌握各入山口、索道的实时售票人数和入山人数对比情况,并可实现各类查询统计分析、历史记录对比、自动预警等,为旅游高峰期游客调度、索道运力调度提供了科学依据,大大提升了决策的准确性和及时性。

（八）建设视频监控系统

黄山风景区在交通要道、客流集散地、古树名木和病虫害防治点建设了全数字视频监控系统,部署了数量众多的摄像头。该系统实现了全山重要节点的全覆盖,在景区旅游管理、安全防范和资源保护中发挥了重要作用。与此同时,景区还整合了全山各单位设置的数百个监控探头,为指挥调度中心实时监控各类现场和指挥调度提供了强有力的保障。

（九）建设游客服务支持系统

面向游客提供服务支持是"智慧黄山"建设的核心内容,主要建成了以下服务载体:一是旅游咨询服务中心,向游客提供景区信息浏览、旅游线路查询、客房预订、信息检索等人工服务;二是游客呼叫中心,通过电话方式向游客提供信息查询、语音应答、商务代订、旅游业务受理、建议与投诉等声讯服务;三是旅游资讯网,通过实时高清视频和全方位的网络营销,开展全景黄山的媒体宣传,为游客提供吃、住、行、游、购、娱的旅游资讯。

（十）建设手机与移动互联网应用系统

黄山风景区积极开发基于手机以及移动互联网的应用系统,为游客和景区管理提供支持。主要应用如下:一是通过 GPRS 和4G 网络,对游客和旅游车辆进行实时定位跟踪;二是向进入景区的游客手机发送景区导游讲解短信和语音视频;三是应用手机二维码门票,为游客提供购票和验票等方面的便利。

五、案例评析

黄山是闻名世界的旅游风景区,随着改革开放的推进,始终坚持走市场化、精细化、数字化、人性化、国际化路线,积累了一系列具有开创性、针对性和系统性的成功经验,走出了一条引领安徽、示范全国和影响世界的发展之路。大力推进智慧景区的建设,既是黄山取得突出的经济效益和社会效益的重要法宝,又是促进旅游管理和服务提档升级的有效举措。

经过多年的建设,黄山智慧景区建设已经获得了一定成绩,主要体现在以下几个方面:第一,提升了智慧服务水平,全天候为广大游客提供导报(各类资讯信息)、导航、导游、导览和导购等各类服务,大大改善了面向游客的服务,既为景区各类接待单位提供了游客规模和消费需求信息,又为管理部门调控管理提供了技术支持;第二,提升了智慧营销水平,智慧景区建设涵盖了旅游经营、管理、服务和展示等各大功能以及吃、住、行、游、购、娱等各个方面,对促进景区营销有着重要的作用;第三,提升了智慧管理水平,通过新一代信息通信技术的广泛应用,大大提升了景区在接待管理、容量调控、资源保护以及安全应急管理的智能化水平;第四,提升了旅游公共服务能力,黄山在全国率先实施的旅游气象防灾预警系统和雷电监测预警系统,在适时提供旅游气象信息、雷电及其他灾害预警、人工影响气象和防灾减灾方面提供了技术服务,对提升旅游公共服务能力做出了重要的探索。

黄山智慧风景区是我国智慧景区建设的引领者,在智慧风景区的建设方面积累了大量宝贵的经验,为我国其他景区的发展提供了重要的借鉴依据。

第三节　黄龙酒店大数据技术应用案例

杭州黄龙酒店是一家位于杭州顶级商务圈核心区域的高档酒店,紧靠黄龙国家级风景名胜区,毗邻美丽的西子湖,与武林商圈、黄龙体育中心、杭州市政府等政治、经济、文化中心咫尺之遥。作为国内外高端宾客造访杭州的首选下榻之所,黄龙酒店在杭州酒店行业中占有独特的优势。但随着市场竞争的不断加剧、宾客的要求不断提升,黄龙酒店同样面临着严峻的市场考验。在新的市场形势下,黄龙酒店提出通过建设智慧酒店提升服务品质和客户满意度,吸引高端游客与会议会展,以自身的实际行动促进杭州旅游业的振兴与发展。经过数年的发展,黄龙酒店在智慧酒店的建设和应用等方面取得了卓有成效的进展,成了全球第一家拥有全方位高科技智能体系的智慧型酒店,为我国智慧酒店的建设和发展积累了宝贵的经验。

一、黄龙酒店建设背景

黄龙酒店是杭州旅游集团旗下的一家高档酒店,由于其具有得天独厚的区域位置,被杭州市政府指定为杭州的接待酒店,承办了很多重要会议与贵宾接待工作,是展示杭州城市形象的窗口。酒店拥有总建筑面积达 11 万平方米的现代奢华的舒适环境及独树一帜的江南庭院设计,是宾客放松休憩、激发创意的理想场所。酒店共有 598 间豪华客房,其中包括豪华房、行政楼层客房、女士楼层、套房、东方印象楼层和服务式公寓,客房均配有舒适的现代化设施。随着时代的进步和社会的发展,越来越多国际化新型酒店的进驻使杭州的酒店行业竞争日趋激烈。与此同时,金融危机也导致杭州旅游业面临新的挑战。如何突出重围,续写并超越黄龙的往日辉煌成为黄龙酒店管理层面临的首要问题。随着杭州市定位旅游休闲城市战略规划的出炉,黄龙也明确了建设智慧酒店的目标,希望以此来提升酒店的竞争力、服务力和发展力。为此,黄龙酒店选择 IBM 为合作伙伴,共同开展智慧酒店的建设。

二、黄龙酒店的发展历程

黄龙酒店的建设面积达 11 万平方米,整体布局包括 1 号楼、2 号楼、3 号楼、5 号楼、会议中心、花园、餐厅等。黄龙智慧酒店根据自身实际情况,将整体建设划分为以下三个阶段。

(一)第一阶段:方案论证阶段

该阶段是从 2009 年年初到 2009 年 10 月,其主要任务是规划和确定酒店建设方案。主要完成了智慧酒店的论证实施、方案规划、项目招标过程。在此过程中,黄龙酒店充分结合了自身 20 多年的经营管理经验,同时引入了现代高科技的服务手段,结合 IBM 公司的科学技术成果,完成了整体老黄龙的改造论证方案。在此期间,黄龙酒店不但完成了老酒店的改造任务,而且实现了一边改造一边营业的良好局面,没有一天停止过为宾客服务,取得了良好的经营效果。

（二）第二阶段：施工建设阶段

从 2009 年 11 月起，黄龙智慧酒店正式进入施工建设阶段，建设工程持续到 2010 年 10 月。在一整年的时间里，黄龙酒店不断结合现有的经营管理要求，细化和规范施工进度和流程控制，实现了诸多新科技元素的应用。随着 1、3、5 号楼的顺利开业，黄龙酒店在原有老酒店的基础上整体扩大到了 11 万平方米的建筑面积，从原有的 400 多间客房扩增到了 598 间客房，成为杭州首屈一指的大型五星级酒店。虽然一整年处在改造过程中，但全年仍实现了 1.8 亿元的营业收入。

（三）第三阶段：收尾和验收阶段

2010 年 10 月，黄龙酒店建设基本完成后，整体建设工程进入收尾和验收阶段，从 2011 年 11 月起到 2011 年 10 月，酒店都在开展收尾和验收相关工作。完成了所有系统项目的施工和建设，将工作中获得的经验进行了有效的分析和总结，实现了工程项目的优良化管理，并且在 2010 年顺利通过了新国标的五星级酒店认定，在评定过程中国家级的评定专家对酒店内的高科技设施给予了充分的肯定和表扬。

经过最近几年的运营和发展，黄龙智慧酒店已取得了显著的经济效益和社会影响，成为我国高级别星级酒店智慧化的成功典范。

三、信息系统建设及高科技特色应用

（一）黄龙智慧酒店的信息系统建设

1. 综合布线系统

这一系统充分考虑了酒店运营的实际需求和其他相关子系统对网络的要求，在物理上分为办公网、客房网、IP 电话网、安防网、无线网（含内外网），做到既可在使用上物理隔离又能在管理上集中配置管理,在核心设备选型上又充分考虑了可扩展性。

2.存储管理系统

存储管理系统的主要作用在于科学保存视频监控系统的图像信息以及其他业务信息,对于智慧酒店的建设来说,该系统具有十分重要的作用,其为智慧酒店提供了全方位的数据存储支持。

3.楼宇自控系统

本系统采用的产品监控点大体包括:冷冻、空调系统,采暖、通风系统,给排水动力系统,变配电系统,照明系统,电梯、扶梯监控系统,车库管理系统等。

4.语音交换系统

本系统采用先进的IP电话技术,除满足普通语音通信以外,客人还可通过设置在每个客房内的IP电话机进行账单查询、客房服务点单、公共信息查询等多项内容。

5.电话计费系统

这一系统除了普通的计费功能之外还提供员工手机信息推送服务,并协同酒店其他管理系统实现了酒店员工电子化派单。

6.视频监控系统

视频监控系统在架构设计上抛弃了传统的模拟视频监控方案,使用了纯IP视频解决方案,所有视频监控型号直接在摄像机前端被转化为IP信息,并通过计算机网络系统设计的视频监控专网传至监控中心,且在视频存储及视频矩阵方面均通过专业的视频服务器及管理服务器来直接对IP信息进行处理,大大保障了信息的传输质量和可靠性。

7.RFID应用系统

RFID(无线射频识别)应用系统通过无线射频识别技术的应

用实现了智慧酒店的核心功能,是支撑各类应用的关键所在。

　　RFID 技术的应用是黄龙酒店智慧化建设的核心,也是智慧酒店的智慧根源。它通过射频信号自动识别目标对象并获取相关数据,识别工作无须人工干预,可工作于各种恶劣环境,并且操作简单、便捷、高效。黄龙酒店 RFID 技术的应用包括自助入住登记和退房系统、迎宾管理系统、餐饮区域管理系统、会议签到系统、服装管理系统和资产管理系统多个功能模块,各子系统功能模块如下。

　　(1)资产管理系统。资产管理系统主要用于检测特定区域的财产安全,实时监测重要资产的移动情况。当检测到重要资产出入酒店关口时,自动触发报警,向资产管理员及酒店安保部门发送短信报警以及声音报警;在管理终端,可以对资产移动报警进行确认,确认报警时,需要填入确认人和确认描述;每次报警,记录报警的发生时间、地点、报警物品、确认时间、确认人、确认描述并能自动生成资产移动报警报表。

　　(2)餐饮区域管理系统。餐饮区域管理系统主要使用在酒店的特定区域(中餐厅、西餐厅、咖啡厅、雪茄厅、电梯等)。当客人进入这些区域之后,系统自动检测客户的 VIP 身份来判断该客户是进入还是离开该区域,并将这些信息反馈给相应区域的服务员。

　　(3)自助入住登记和退房系统。自助入住登记和退房是指宾客无须到前台排队登记,只需在大堂或电梯厅的自助登记设备(TABLET PC)上办理酒店入住登记和酒店退房手续,在房内或店外就能完成登记、身份辨识及信用卡付款手续。客人如果自己驾车进入酒店,可以在进入车库刷卡打开闸机的同时完成入住登记,直接到客房休息。针对 35—50 岁对于计算机操作熟悉的商务人士,杭州黄龙酒店特别于大堂内设置 Kiosk 机,客人可自助完成登记手续。

　　(4)迎宾管理系统。迎宾管理系统主要用于 VIP 客户入住酒店时提供引导和服务。具体功能如下:RFID 收集进入酒店东、西大堂的客户信息并同步将 VIP 客户的个人信息(包括客人的姓名、性别、国籍、照片等）以及 VIP 客户的订房信息传送到服务人员处，系统根据客户房间信息自动指示电梯层数及方向，到达指定楼层后，根据房间位置自动闪烁导航等引导客户入住。

（5）会议签到系统。会议签到系统主要用于管理酒店内进行的会议。该系统能够通过收集进入会议室的 RFID 信号来判断其是离开还是进入，首次进入会议室的自动完成签到。系统自动记录到会人数、离开人数、离开时间等数据并自动生成报表。

（6）服装管理系统。服装管理系统通过员工制服上的 RFID 标签，实时采集员工送洗的制服信息，自动生成员工支付清洗记录报表；实时采集本日未领取制服信息，生成制服盘点报表；同时通过酒店特殊区域如机房等处的 RFID 阅读器，自动对员工的非授权进入触发报警。

（二）黄龙智慧酒店的高科技特色应用

高科技应用是杭州黄龙酒店的一个重要特色，也是其品牌战略手段，打造智能型酒店，在充分利用 RFID 等新兴信息技术手段的基础上，采用了多种高科技的特色应用，下面就具有代表性的应用进行分析。

1. 机场航班动态显示服务/登机牌打印服务

机场航班动态显示服务/登机牌打印服务每 15 分钟更新一次，使宾客及时了解航班最新状况；将电脑和客房内的四合一多功能一体机连接即可打印路线图和机票登机牌。

2. 全球通客房智能手机

全球通客房智能手机解决了国外手机无法在中国使用的问题，从技术的角度，它可以全球拨打、免费接听，并可在酒店或杭州范围内的任何地方使用。

3. 智慧客房导航系统

这是专门为宾客进行客房引导的系统，宾客一出电梯，系统会自动感应宾客的房卡信息,三道指示牌指引宾客直至自己的房间。

4. 电视门禁系统

这是全世界第一套电视门禁系统,若在宾客不便应答的时候有人按门铃,门外的图像会主动跳到电视屏幕上,方便宾客判断以什么形象去开门。

5. iMenu 智能菜单

为了向客户提供更智能化的点餐服务,黄龙酒店创新性地开发了基于 iPad 的智能菜单——iMenu,通过 iMenu 客户可以更简单快捷地实现点单,黄龙酒店也是全亚洲第一家使用 iPad 点菜的餐厅。

6. 四合一多功能一体机

四合一多功能一体机兼具打印、影印、扫描及传真功能,宾客只需向服务中心告之其目的地,清晰的路线信息就会传至宾客客房的多功能一体机,并打印出来。

7. 互动服务电视系统

互动服务电视系统内设八国语言(中、英、日、韩、西、意、法、德),系统自动选择以宾客的母语欢迎入住,全 3D 动画 Flash 设计和高清显现,提供多款休闲游戏,并自动弹出宾客上次入住时常看的频道,显示宾客国家及杭州当地的天气情况。

8. 床头音响及床头耳机

酒店的每套床头音响都特制了 iPod/iPhone 专用插孔,同时具备播放和充电功能。床头耳机安装在床头背板侧面的电视耳机插口及放置在床头柜抽屉中的耳机方便尚未就寝的宾客可以继续享受视听服务。

四、智慧客房及智能会议中心建设

（一）智慧客房应用

黄龙智慧酒店为了实现更好的客户体验,大力建设智慧客房,这是酒店建设的重中之重,为此黄龙酒店投入巨资对客房进行全面的智慧化改造,取得了较为显著的成效。黄龙酒店的客房分成高级大床房、高级双床房、豪华双床房、豪华大床房、雅致豪华房、豪华套房、女士楼层高级客房、行政楼层豪华套房等,由于篇幅有限,下面主要介绍黄龙智慧酒店的女士楼层高级客房、行政楼层豪华套房和豪华双床房三种房型的智慧应用。

1. 女士楼层高级客房

黄龙智慧酒店根据单身出行的女性客人的实际需求,打造了女士楼层高级客房,这是酒店的一款特色房型。设计柔和新颖,具有女性独有特质。在这一女士专用的客房内,每一件物品都可以让人感觉到它的特别之处,让女宾客有耳目一新的感觉。

女士楼层高级客房的主要配置包括以下项目:

（1）智慧门牌指示系统;

（2）电视门禁系统和电子猫眼;

（3）化妆棉;

（4）首饰盒;

（5）分离式浴室;

（6）爱马仕或宝格丽沐浴套组;

（7）丝质睡衣;

（8）美国金可儿名品床具;

（9）可全球接听和拨打的智能客房手机;

（10）多媒体互动电视系统;

（11）四合一多功能一体机;

（12）Nespresso 胶囊式专业咖啡机;

（13）全球时尚人士首选的 VOSS 冰川水。

从以上客房的设计和配置中可以看出，女士高级客房完全按照单身出游的女性的需求设计，让她们可以在酒店住宿中得到良好的体验，对于单身出游的女性或是结伴出行的女性朋友来说，女士高级客房是她们的最佳选择。

2. 行政楼层豪华套房

黄龙智慧酒店的行政楼层豪华套房根据高端专业商务人士的实际需求设计，整体设计风格比较沉稳，面积 120 平方米。在行政豪华套房内设有超大办公桌、符合人体工学的座椅、BOSE 音响等，其他的配置如下。

（1）智慧门牌指示系统；

（2）电视门禁系统和电子猫眼；

（3）分离式浴室；

（4）爱马仕或宝格丽沐浴套组；

（5）美国金可儿名品床具；

（6）四合一多功能一体机；

（7）Nespresso 胶囊式专业咖啡机；

（8）VOSS 冰川水；

（9）可全球接听和拨打的智能客房手机；

（10）多媒体互动电视系统等。

3. 豪华双床房

豪华双床房是两人出行的最佳选择，房间配置完备，不论是安全方面还是娱乐放松方面，客房的配置都可以满足客户的需求，为他们带来良好的住宿体验。豪华双床房的主要配置如下。

（1）两张 1.1 米×2 米标准床型；

（2）新西兰进口全羊毛地毯；

（3）全环保进口材料高档家具；

（4）可随意调整角度的 42 英寸平板电视机；

(5)电视门禁系统;

(6)有线、卫星与互动电视;

(7)有线与高速无线上网;

(8)配备 iPod 连接埠,连接豪华立体声音响、DVD 播放器;

(9)三部电话机,其中包括 IP 电话、电话留言信箱;

(10)适宜存放笔记本电脑的小型保险箱;

(11)集打印、扫描、复印、传真于一体的多功能打印机;

(12)金可儿名床配绒毛枕头、加厚床垫、纯棉舒适柔软床品;

(13)迷你酒吧;

(14)独立的热带雨林型淋浴室;

(15)舒适浴袍;

(16)电熨斗和烫衣板;

(17)免费瓶装饮用水、茶和咖啡以及擦鞋服务等。

(二)智能会议中心建设

黄龙酒店作为接待酒店,配有完备的专属会议中心,该会议中心共 3 层,拥有两个 1200 平方米的大型会议室和 10 个不同大小、不同功能的会议厅,可满足各种形式规模的会议需求。位于一楼的水晶宫,层高 7.5 米,可容纳 800~1000 人同时开会,也可分隔成 3~5 个小宴会厅,是杭州城中心商圈独有的大型会议室。作为科技型酒店,黄龙酒店在会议中心搭建了智能会议管理系统,通过现代信息通信技术的整合应用取得了独特的应用效果,该系统提供的主要功能有以下几项。

(1)卫星会议及备援通信系统配备备用、常用卫星接口,不仅可开展全球卫星会议,还可与车辆、附属设施集成宽带卫星通信系统以保证信号传输的畅通。

(2)提供比利时全高清投影机(亮度达 20000 流明),覆盖全会议厅,满足高规格会议需求。

(3)提供德国超音质阵列音箱,避免了超长距离声压覆盖,确保多个小会议厅共用时多声轨输出互不干扰。

（4）全酒店无线网络覆盖，可充分满足参会者的上网需求。

（5）提供六国语言同声传译服务，支持大型国际会议。

（6）搭建德国无线会议系统，包含 17 个小话筒，让演讲者摆脱话筒的束缚。

除了以上功能外，智能会议管理系统还可协助会议组织者统计已到和未到参会人数，分析各类数据，将参会人员的具体信息汇总成报告，每次会议的结果均可见可查。这些近乎完美的高端会议设备，为各类型会议的举办提供了全面的保障服务。

（三）智能健身房建设

2018 年，黄龙饭店为了向客户提供更好的体验，开辟出 1700 平方米场地，引进乐刻运动为酒店客户打造智能健身配套设施。乐刻运动在黄龙饭店的全国首家旗舰店采用全新的乐刻 4.0 设计风格，营造出豪华的视觉体验，自动化的灯控、温控、湿控打造智能化的健身空间，还有世界领先的 LIFEFITNESS 整装器械和 360 度沉浸式运动区域，全方位承包高端客户的运动生活。乐刻运动在进驻黄龙饭店后，提供十分丰富的健身课程，包括莱美团操、VR 单车、CrossFit、EMS、Boxing 等，且淋浴、轻餐厅、CrossFit 馆、拳击台一应俱全。

据了解，乐刻运动平台已有 6000 多名教练入驻，乐刻也将派驻专业的教练驻场服务，针对性地做器械指导、动作指导，提供专业的心率带、器械管理，让客户在乐刻随时都能享受到专业的健身服务，另外还将引入大量健身团操课程等，真正把场馆盘活。乐刻运动通过自己强大的产品研发能力，赋能酒店的场地，满足五星级酒店对高端健身房的需求，无疑为酒店引入健身房提供了一个共赢的合作案例。

五、智能感官体验应用

利用现代信息通信技术等手段为宾客提供独特的感官体验，是酒店行业服务创新的重要举措。黄龙酒店致力于创造整体愉悦的入住经历,满足视、听、味、嗅、触五种感官知觉,以感官、美学、时尚来吸引高端商务会议客人。

(1)为客户提供独特的触觉体验。在触觉体验上,黄龙酒店更是在细节上精益求精。酒店选用美国金可儿床品、纯天然新西兰进口羊毛地毯、爱玛仕及宝格丽高级沐浴用品等,来自国际品牌的不凡实力让客人每寸肌肤都得到最尊贵的呵护。

(2)为客户提供独特的味觉体验。在味觉体验上,黄龙酒店首推88米全浙江最长自助餐台的D'cafe自助餐厅,以各式海鲜美食为主题,引进最地道、最新鲜的国外高档食材,其产品之丰富创下杭州自助餐市场的又一个纪录。此外,Cantina酒窖拥有一万多瓶藏酒,提供来自全球40多个国家及地区的500多种葡萄酒佳酿。

(3)为客户提供独特的听觉体验。在听觉体验上,黄龙酒店与著名音乐人张铭合作,邀请其亲自为酒店选定专属背景音乐,使客人在不同季节都能听到不同的音乐,以调整情绪和心态。除了提供音乐以外,在硬件设置上,酒店在每个房间都配备了高品质音响,行政楼层配备了美国BOSE音响,每个音响都配有iPod/iPhone专用插孔,同时具备播放和充电功能。除此之外,荷兰皇家飞利浦电子公司还专门为黄龙酒店设计了一款床头耳机,在床头背板上安装了电视耳机插口以满足多人同住的需求。

(4)为客户提供独特的嗅觉体验。在嗅觉冲击上,黄龙酒店调制各种类型的香氛。在公共区域散发独属芬芳,体现酒店的独特魅力,沁人心脾,让宾客在不经意间把这种独特的香味印刻在心底。

(5)为客户提供独特的视觉体验。在视觉体验上,酒店建筑外观风格巧妙地运用了中国绘画中的留白艺术,室内部分则呈现出高贵典雅与低调奢华相呼应的雍容气息。酒店与中国美术学院合作创办了黄龙酒店艺术长廊,由中国美院推荐当代新锐艺术家提供作品,让与会者在会议闲暇之余,可尽情赏析具有现代感、体现奢华、传递杭州人文气息的作品。

六、案例评析

　　黄龙酒店是我国酒店行业中具有重要影响和实力的酒店,面对新的市场形势,酒店树立了"引领现代奢华体验"的核心品牌理念,致力于打造中国本土最高端的酒店品牌。黄龙酒店以现代信息通信技术为抓手,大力建设国际领先的智慧酒店,创造独特的宾客体验,在最大限度地为宾客创造服务价值的同时,也为自身参与国际竞争提供了强大的动力,使酒店在国际酒店品牌林立的市场中凸显自己特有的品牌个性。

　　黄龙酒店使客人无论是徜徉其中,还是置身酒店之外,都能获得尊崇、体贴、智能、温馨和难忘的体验,真正体现出智慧所带来的作用和价值。黄龙酒店所发挥的示范效应对任何一家酒店而言都有比较大的借鉴意义。

参考文献

[1]潘柳榕.客户信息管理与旅游电子商务[M].北京:中国劳动社会保障出版社,2018.

[2]瓯海鹰,刘永胜.旅游电子商务企业案例分析[M].北京:旅游教育出版社,2018.

[3]余扬.旅游电子商务[M].北京:旅游教育出版社,2017.

[4]杨路明.旅游电子商务理论及应用[M].北京:化学工业出版社,2017.

[5]汤跃光.旅游电子商务[M].重庆:重庆大学出版社,2017.

[6]钟栎娜,邓宁.智慧旅游:理论与实践[M].上海:华东师范大学出版社,2017.

[7]陆均良,宋夫华.智慧旅游新业态的探索与实践[M].杭州:浙江大学出版社,2017.

[8]张华,李凌.智慧旅游管理与实务[M].北京:北京理工大学出版社,2017.

[9]马海龙,杨建莉.智慧旅游[M].银川:宁夏人民教育出版社,2017.

[10]栗书河,李东杭.酒店电子商务运营管理[M].北京:中国轻工业出版社,2016.

[11]张敏.旅游电子商务[M].郑州:大象出版社,2016.

[12]葛晓滨.旅游电子商务教程[M].北京:中国人民大学出版社,2016.

[13]姚国章.智慧旅游新探索[M].长春:东北师范大学出版社,2016.

[14]徐林海.移动电子商务[M].南京:东南大学出版社,2016.

[15]林德荣.旅行社经营管理[M].北京:清华大学出版社,2016.

[16]陆慧.旅游电子商务[M].北京:清华大学出版社,2015.

[17]张建忠.旅游电子商务[M].北京:高等教育出版社,2015.

[18]欧海鹰.旅游电子商务企业案例分析[M].北京:旅游教育出版社,2015.

[19]章宁.电子商务教程:模式、案例与实验[M].北京:首都经济贸易大学出版社,2015.

[20]杜文才.旅游电子商务[M].北京:清华大学出版社,2015.

[21]李云鹏,黄超.基于综合旅游服务商的旅游电子商务[M].北京:清华大学出版社,2015.

[22]金振江.智慧旅游[M].北京:清华大学出版社,2015.

[23]易建秋,罗娟,任磊.电子商务在旅游酒店业、会展服务业的应用[M].成都:西南交通大学出版社,2014.

[24]姚志国,鹿小龙.智慧旅游:旅游信息化大趋势[M].北京:旅游教育出版社,2013.

[25]周春林,王新宇,周其楼.旅游电子商务教程[M].北京:旅游教育出版社,2013.

[26]赵立群,梁露,李伟.旅游电子商务[M].北京:清华大学出版社,2013.

[27]李云鹏等.智慧旅游:从旅游信息化到旅游智慧化[M].北京:中国旅游出版社,2013.

[28]董林峰.旅游电子商务[M].天津:南开大学出版社,2012.

[29]段梦雅,刘蓓琳.基于网红经济的"去哪儿网"营销模式研究[J].电子商务,2018(2):29-30.

[30]耿雪梅,邱瑛.黄山风景区发展现状及对策研究[J].对外经贸,2018(2):119-120.

[31]黄蔚欣,张宇,吴明柏,党安荣.基于WiFi定位的智慧景区游客行为研究——以黄山风景名胜区为例[J].中国园林,2018,34(03):25-31.

[32]香嘉豪,张河清,王蕾蕾.我国智慧酒店建设研究——以

杭州黄龙酒店为例[J].经济论坛,2017(6):121—123.

[33]胡淼,王晓君.浅谈旅游电子商务[J].农村经济与科技,2017(4):131—132.

[34]吴思锐."互联网+"时代旅游电商发展概况[J].商场现代化,2016(18):36—37.

[35]蔡彬彬,贾玉萍,朱亚坤.论电子商务诚信体系的构建[J].赤峰学院学报(自然科学版),2014,30(02):78—79.

[36]姜漓.旅游电子商务中网络信息安全技术[J].内江科技,2009(3).

[37]徐勇.网络数据库技术综述[J].石河子科技,2009,30(03):117—118.

[38]李玉海,桂学勤.电子商务安全问题及其解决方案[J].电子商务,2006(12):51—55.

[39]黄晓斌,黄少宽.试论我国电子商务法规的保障体系[J].情报杂志,2001(4):7—8.

[40]迟哲超.移动互联网环境下携程网在线旅游发展问题研究[D].吉林财经大学,2017.

[41]吴宏业.智慧酒店运营系统的构建[D].云南大学,2016.